歴史文化ライブラリー

477

中世武士 畠山重忠

秩父平氏の嫡流

清水 亮

吉川弘文館

目　次

畠山重忠のスタンス――プロローグ

謀叛を企まんと欲するの由、風聞するは、かえりて眉目というべし

文治三年（一一八七）一一月二一日、謀叛の疑いをかけられていた畠山重忠《はたけやましげただ》は、下総《しもうさ》国下河辺荘（茨城県古河市・埼玉県松伏町・春日部市など）を本領とする有力御家人《ごけにん》下河辺行平《しもこうべゆきひら》に伴われて、本拠である畠山館（埼玉県深谷市畠山）から、主君である源頼朝《みなもとのよりとも》の待つ鎌倉に参上した。

下河辺行平は重忠の親友であり、重忠に異心がないことを確認できた場合、鎌倉に同道するように命じられていた（『吾妻鏡《あずまかがみ》』同日条。以下、『吾妻鏡』は『鏡』と略記する）。要するに、重忠は、とりあえず謀叛人ではないと認定されたばかりの危うい状況下にあったのである。

重忠は、頼朝に謁見する前に、頼朝の側近で侍所《さむらいどころ》（鎌倉幕府の御家人統制機関）の所司（次官）でもある梶原景時《かじわらかげとき》を通して、謀叛《むほん》の意志がないことを陳弁した。重忠の陳弁を受けた景時は、起請文《きしょうもん》を提出し、謀叛の意志がないことを誓うよう、重忠に要求した。この時、重忠は次のように返答したという。長文であるが、読み下し文と現代語訳（一部意訳）を示そう。

重忠の如き勇士は、武威に募《つの》り人庶の財宝等を奪い取り、世渡《よわたり》の計《けい》をなすの由、もし虚名に及ばば、もっとも恥辱たるべし。謀叛を企まんと欲するの由風聞《ふうぶん》するは、かえりて眉目《びもく》というべし。ただし、源家の当世《とうせい》をもって武将の主と仰ぐの後、さらに弐《ふたごころ》なし。しかるに今、この殃《わざわい》に逢うなり。運の縮むるところなり。かつがつ重忠もとより心《こころ》と言《げん》と異なるべからざるの間、起請を進《まい》らせがたし。詞《ことば》を疑い起請を用い給うの条は、奸者《かんじゃ》に対する時の儀なり。重忠においては偽りを存ぜざるの事は、かねて知《し》ろし食《め》すところなり。速やかにこの趣《おもむき》を披露すべし。

〈現代語訳〉

重忠のような勇士は「武威をカサに着て庶民の財宝などを奪い取り、世渡りの術としている」と、もしウソの噂をたてられたならば、もっとも恥辱となるだろう。「謀叛を企もうとしている」という噂が立つのは、かえって名誉というべきだ。ただし源家の当世（＝頼朝）を武将の主人と仰いでからはけっして二心はない。しかし、今このような災いにあっている。運が縮んだものだ。だいたい、重忠は、もとより心にもないことは言わないのだから、起請文は進上しがたい。言葉を疑い起請文をお使いになることは、腹黒い者に対する時のやり方である。重忠に偽りがないことは、（頼朝殿は）以前からご存じである。速やかにこの趣旨を（頼朝殿に）披露していただきたい。

梶原景時による起請文の提出要求が彼の独断であったか、頼朝が景時に指示したのかは、はっきりわからない。しかし、「起請を用い給う」（起請文をお使いになる）と敬語を使っていることから、重忠が、景時の要求を頼朝の意志として受け止めていた（もしくは『吾妻鏡』成立時までにそのような話が流布していた）ことはいえそうである。そして、起請文の提出を拒否した上で「私が正直者であることは、前から頼朝殿はご存じだ」と言い放った重忠は、頼朝を批判したことになる。

さらに「『謀叛を企もうとしている』という噂が立つのは、かえって名誉というべきだ。ただし源家の当世を武将の主人と仰いでからはけっして二心はない」というセリフは、重忠が主体的に自身の身の振り方を決める自立性を持ち、そのような自身のあり方を誇示していた（あるいはそのようにみなされていた）ことを示している。

ちなみに、この重忠の言葉は、出会って以来、緊張関係にあった頼朝に自身の姿勢を思い切って示したものとして（貫一九六二）、あるいは強い名誉感情を持つ重忠の個性や主人を主体的に選択しえる中世の主従関係のあり方を示した例として（野口一九九四A・二〇〇二A）、すでに紹介されてきた。いずれも正鵠を射た評価だと思う。

その上で、頼朝に従っていた武士たちは、重忠のような境遇に遭った時、みな右のような言葉を公言「できる」のだろうか？ という疑問をあえて投げかけてみたい。

畠山重忠に対する一般的なイメージは、まっすぐで分け隔てのない廉直な人物、というものではないだろうか。このイメージを前提にすれば、さきの疑問には「畠山重忠は人格者だから、主君に対しても勇気をもって自分の意見を言えるのだ」という答えを導き出すことが簡単にできるだろう。

重忠が廉直な人物であったことは私も否定しない。ただ、廉直な人物だからといって、みな、右のような言葉を言えるだろうか？ 沈黙し耐え忍ぶしかない立場・性格の人だっているのではないだろうか？

結論を先取りするかたちになるが、畠山重忠は、家格・勢力ともにトップクラスの有力東国武士である。重忠が頼朝を真っ向から批判し、自らの自立性をアピールするにあたって、彼が持つ家格・勢力はまったく作用しなかったといえるだろうか？

ちなみに、梶原景時から報告を受けた頼朝は、重忠と面会した時、謀叛疑惑にも自身への批判にも言及せず、世間話に終始して全てを終わらせている。頼朝が重忠を不問に付したのは、重忠の廉直な人格を再確認できたから「だけ」なのだろうか？　頼朝の対応の背景に、重忠が持つ家格・勢力への配慮はまったくなかったのであろうか？

深読みに過ぎるといわれるかもしれないが、この逸話は、まっすぐな重忠と度量を見せた頼朝との和解譚にとどまらず、一二世紀における有力東国武士のあり方、そして彼らを組織した頼朝の政治のあり方をかいま見せているかのように、私には思えるのである。

といっても、重忠が持つ家格・勢力の具体的な中身がわからなければ、これまで出してきた数々の「？」にはそもそも意味はないだろう。

本書の課題は、これらの「？」について私なりの回答を提示することにある。すなわち、畠山重忠という人物、重忠を生み出した畠山氏（ひいては秩父平氏《ちちぶへいし》）という武士（団）のあり方について、その具体的なあり方を明らかにすることにある。

在地領主としての中世前期武士団

畠山重忠・畠山氏の具体的なあり方を明らかにすることは、地域社会における畠山氏の実態、畠山重忠・畠山氏が地域社会で発揮した力を生み出す条件を明らかにすることでもある。

畠山重忠・畠山氏の名字の地は、武蔵国男衾《おぶすま》郡畠山である。すなわち、畠山氏は、男衾郡内の畠山（・菅谷《すがや》）を本拠とし、これらを所領として支配する在地領主であったといえる。

畠山氏が成立した一二世紀前半~中葉は、日本中世の成立期にあたる。この時期、日本列島各地に荘園（天皇家・摂関家・大寺社を最高の領主とする所領）が形成される一方、各国の国衙《こくが》（国府の行政組織）が管轄する国衙領（公領）もまた中世なりの郡・郷として確定されていった。このように荘園と公領が一国内に併存し、ともに支配の単位として機能する土地制度を「荘園公領制」、荘園公領制を基盤とした中世前期（一一世紀末~一四世紀前半）の支配システムを「荘園制」と呼びたい。

そして、中世前期の在地領主を、「都鄙《とひ》間ネットワークに立脚して所領を支配し、その所領を超えた地域の住民に影響力を行使する存在」と規定しておく（菊池浩幸他二〇〇六）。在地領主が保持する所領の主な内容は、荘園・公領の現地支配権と考えている。在地領主が立脚していた都鄙（中央と地方）間のネットワーク、彼らと（所領周辺の住民をふくむ）地域社会との関係については後述しよう。

なお、今まで述べてきたことからお察しいただけるかと思うが、武士の多くは在地領主であったと私は考えている。だが、全ての武士が在地領主であったわけでも、在地領主の全てが武士であったわけでもない。武士とは武芸を家業とする職業身分であり、地方の所領に本拠を形成し、収益を取得する在地領主とは、そもそも異なる用語である（髙橋昌明一九九九)。実態をみても、無前提に武士＝在地領主とするのは不正確である。たとえば、平《たいらの》清盛《きよもり》・源《みなもとの》義朝《よしとも》・源頼政《よりまさ》(源三位《げんざんみ》頼政)などは、京都を主な活動の場とする京武者《きようむしや》(元木一九九四)とみるべきであり、実際、彼らは所領にちなんだ名字も名乗っていない。清盛らが地方に所領を持っていたことは確認できるが、それを根拠として、彼らを在地領主とみなすのは難しい。

そこで本書では、在地領主としての武士、および武士が形成・参加する軍団＝武士団(川合二〇〇一、野口二〇〇二Bなど)について、「在地領主(≒武士団)」などのやや煩雑な表現をする場合がある。ご了解いただきたい。

在地領主≒武士団と地域社会の関係をどうみるか

学界において、在地領主(≒武士団)が荘園・公領を超えた地域社会に関わる姿を本格的に追究する動きが盛んになったのは、おおむね一九九〇年代からである。やや難しい話になるが、本書の前提になる事柄であるから、しばしお付き合いいただきたい。

高橋修氏は、紀伊国の湯浅氏を具体的に検討し、国内の流通・交通の拠点に慣習的な管理権・警察権を行使し、地域住民を「雇仕」するなど、自身の所領を超えた地域社会に広く影響力を行使する武士団のあり方を明らかにした(高橋修一九九一)。また、川合康氏は、一二世紀の有力武士が地域的な交通・流通上の拠点を掌握し、荘園公領制の枠組みを超えた軍事的テリトリー（勢力圏）を形成していたこと、この軍事的テリトリーが近隣領主・住民の合意を不可欠のものとして展開したことなどを浮き彫りにした（川合一九九九）。これらの研究によって、地方における武士団の基盤や活動について、単位所領だけでなく、それらをとりまく地域社会をふくめて考える重要性が示された。

そして、二〇〇〇年代に入って、武士団と地域社会との関わりについての研究は大きく進んだ。とくに、武士の本拠・本領とその周辺の地域社会との関係が明確になってきたことが大きな成果である。すなわち、武士の本拠が館だけでなく、地域の流通・交通の要衝である宿（町場）や、地域社会の安寧を保障する寺社と結びついて形成されていたこと、武士はこのような本拠を拠点として、地域における交通・流通の主導者（宿の長者）、地域信仰の保護者の役割を果たしていたことが浮き彫りになってきたのである（高橋修二〇〇〇・二〇〇二・二〇一六、齋藤二〇〇六、山本二〇一二、田中二〇一五A・Bなど）。

また、武士団が形成した地域的なネットワークのあり方もまた、とくに二〇〇〇年代に入って盛んに追究されている。鈴木国弘氏は、武士団が婚姻関係などの「縁のネットワーク」によって地域での所領の形成・維持を行っていたことを論じている（鈴木国弘二〇〇三）。菱沼一憲氏は、鎌倉幕府権力がつくられていく前提に、東国の「大名小名社会」（地域の有力者である大名と、彼らに準ずる小名からなる社会集団）があったことを明らかにし、鎌倉幕府初期の御家人制にも大名・小名の格差が反映されていたことを論じている（菱沼二〇一二）。

さらに、頼朝時代の御家人集団が、鎌倉殿のもとでの平等性とそれぞれの勢力の差に基づく差別をともに孕んでいた具体的なあり方については、一般向けの書籍でも、それぞれの立場から優れた叙述がなされている（細川二〇一二、高橋一樹二〇一三、高橋修二〇一四など）。これらの成果は、本書の重要な前提となる。

在地領主＝武士団と京都との関係をどうみるか

また、中世前期の武士を考える上で欠くことができないのが京都との関わりである。武士身分を認証するのは王権である（髙橋昌明一九九九）。清和源氏《せいわげんじ》・桓武平氏《かんむへいし》・秀郷流《ひでさとりゅう》藤原氏に系譜を引く武士たちは王権の認知を受けた正統的な武士であり、そのなかの有力者は四・五位の位階を有する軍事貴族であった。彼らのなかで、京都を主な活動の場とする者を「京武者《きょうむしゃ》」と呼んでいる（元木一九九四）。軍事貴族に系譜を引く有力地方武士の多くは侍品《さむらいほん》（六位相当）であるが、京都の貴族社会に入り込み、京武者の多くと同じ五位の位階に到達することもあった。

一方、国衙軍制の拡充過程で武士に認定された者たちも存在していた（石井一九七四、髙橋昌明一九九九など）。彼らの武士身分を認証するのは国衙であるから、王権に認証された軍事貴族クラスの武士よりは格下である。武蔵国でいえば、「武蔵七党」と通称されるような武士がこのクラスに相当する。

京都は武士身分を認証する場であるだけでない。京都には荘園領主・知行国主の地位にある朝廷構成員・大寺社が集まっており、彼らは在地領主（＝武士団）が年貢を運上する上位者でもある。また、京都には武具製造や仏教芸術をふくむ高等技術・富・宗教的知識などが集まっており、武士が武士であるために、京都との関わりは必須であった（野口二〇一七など）。

なお、軍事貴族に系譜を引く地方有力武士や京武者だけが朝廷に奉仕していたわけではない。国衙在庁・国一宮の社家・郡司などの地方武士も、相撲人《すまいびと》などとして朝廷行事に参加していたことが指摘されている（野口一九八八など）。武士は、程度の差こそあれ京都との関わりを持っており、京都と地方をつなぐ人的ネットワークを意識的に拡げていたのである（川合二〇〇七A、野口二〇〇七・二〇一七、山本二〇一二など）。

近年の研究によってクローズアップされた、武士と京都とを結びつける視角は、武士と地域社会との関わりを考える視角とともに、本書の重要な前提となる。

これまでにも述べてきたように、武士・武士団には家格・勢力に応じた階層性があった。この点については、野口実氏の明快な整理がある。野口氏は、一一世紀後半から一二世紀における有力武士団のあり方を整理し、京武者である一方、地方武士と連携して地域的な軍事権力を樹立する方向を持った有力武士の軍事集団を「京武者系豪族的武士団」、在庁官人に列するなど地方での活動が顕著な有力武士団を「在地系豪族的武士団」と呼んだ（野口二〇〇二B）。

武士団の階層性をどうみるか

野口氏の説をふまえるならば、本書の主人公である畠山重忠・畠山氏は「在地系豪族的武士」、その軍団は「在地系豪族的武士団」と呼称できそうである。とはいえ、どのような呼び方をするにしても、まずは畠山氏という武士（団）のあり方を具体化することが求められるだろう。

そこで注目したいのが、畠山氏が、郷村規模の所領を持つ地方中小武士を郎等・目下の同盟者として抱えていた事実である。最近の研究では、彼ら地方中小武士を含みこんだ畠山氏の武士団構成・領主支配の実相が追究されつつある。

本書のスタンス

以上、前口上が長くなってしまったが、本書では、近年の武士研究・在地領主研究の達成をふまえ、武士（団）・在地領主としての畠山重忠・畠山氏のあり方をできうる限り具体的に示すことを目指すことになる。

畠山重忠の振る舞い・言説に関する史料は多く残されているが、そのほとんどは鎌倉末期に成立した『吾妻鏡』や、『平家物語』諸本の記事である。在世中においても一流の武士としての評価を得ながら（『愚管抄《ぐかんしょう》』第六）、北条時政らのフレームアップによって非業の死を遂げた重忠の振る舞い・言説については、『吾妻鏡』編者などによる賛美（曲筆）の可能性が古くから指摘されてきた。本書でも、『吾妻鏡』・『平家物語』諸本に記された重忠の振る舞い・言説の一つ一つを、無前提に事実としない自制を心がけたい。

ただ、重忠個人の言説一つ一つの実否はともかく、『吾妻鏡』・『平家物語』諸本などに示された重忠の姿は、武士としての重忠、武士団・在地領主としての畠山氏のあり方をそれなりに投影しているのではないだろうか。要するに、「重忠のような立場・力を持つ武士なら、このような発言、態度はありえるだろう」と当時の人々が考えていたことまでは読み取り得るのではないか、ということである。

本書ではこのようなスタンスのもと、『吾妻鏡』・『平家物語』諸本の記事に加え、諸系図や考古学の成果・現地調査の成果などを援用することによって、武士団・在地領主としての畠山氏のあり方に迫っていきたい。

また、畠山重忠という武士の生き方についても、可能な限り踏み込んで考えてみたい。当然ながら、人間にはそれぞれの個性や価値観がある。そして、どの時代・地域においてのも、人の個性や価値観が形成される過程で、それぞれの生い立ちや帰属などが影響を与えうることもまた事実であろう。本書では、畠山氏が武蔵国の最有力武士団秩父平氏の嫡流の出身であったこと、畠山氏が在地領主でもあったこと、畠山重忠がこのような氏族に生を受けたことをふまえ、彼の生き方についても見通しを示すことを目指したい。

秩父平氏の展開と中世の開幕

秩父平氏の形成

畠山重忠《はたけやましげただ》を生み出した秩父平氏《ちちぶへいし》は、桓武平氏《かんむへいし》の平良文《たいらのよしふみ》の子孫であるとされる。この点は、秩父平氏に関する諸系図や『吾妻鏡《あずまかがみ》』の記述が一致しており、ほぼ間違いのないところであろう。

桓武平氏の成立

九世紀末から一〇世紀、平高望《たかもち》は東国に下り、勢力を広げていった。この高望が武士としての桓武平氏の始祖である。彼やその子息たちの活動を、これまでの研究成果に学びながら概観していきたい（下向井二〇〇一、川尻二〇〇七、鈴木哲雄二〇一二、高橋修二〇一〇など）。

おそらく九世紀末頃、高望王《たかもちおう》は平姓を賜って臣籍に下り、その後に上総介《かずさのすけ》として東国に下向した。「介」は国司《こくし》の次官であるが、上総国は親王任国であるため、高望は事実上の

図1　桓武平氏略系図

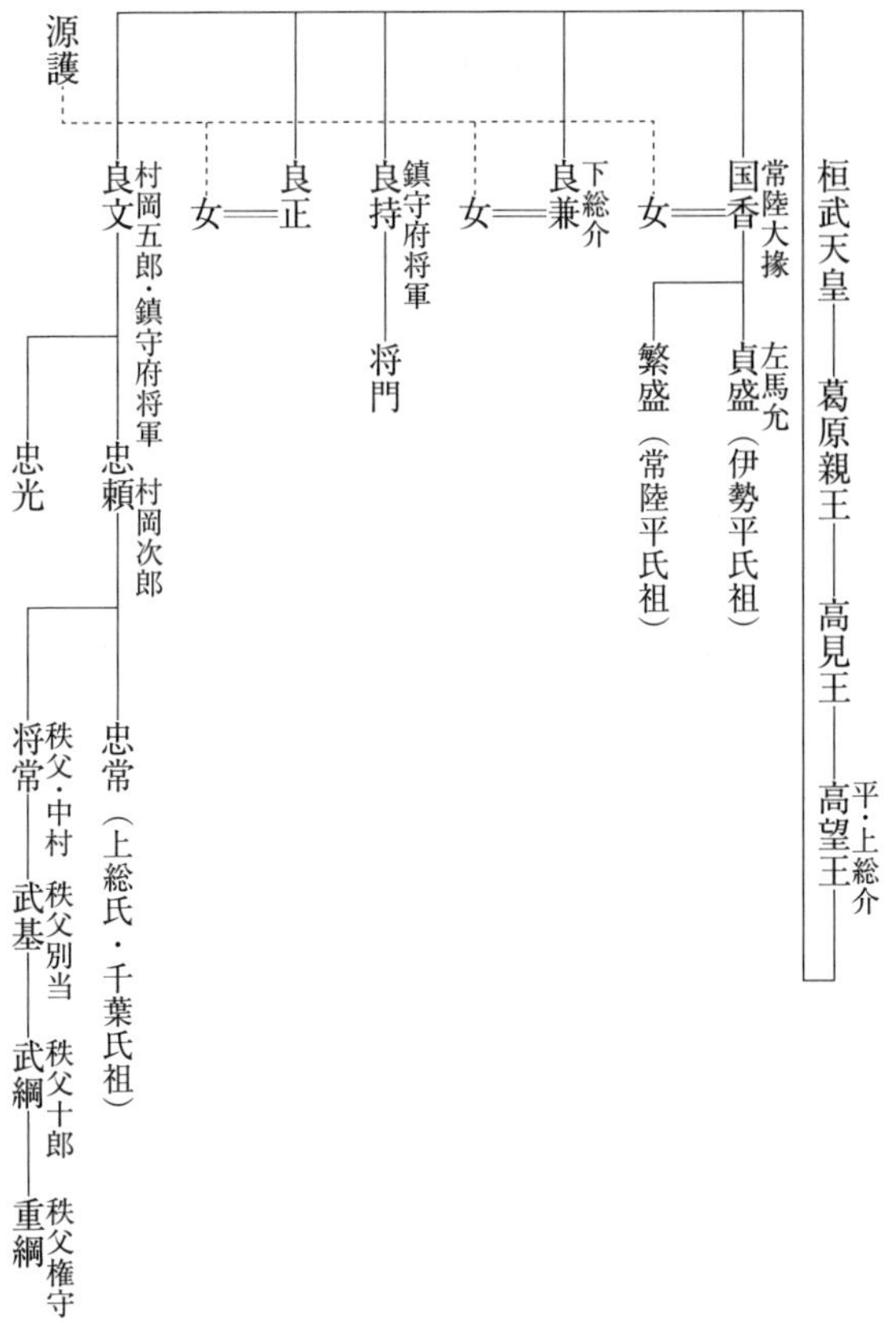

＊「指宿文書」所収「平姓指宿氏系図」・「桓武平氏系図」・「畠山系図」・「中条家文書」所収「桓武平氏諸流系図」・「佐野本系図　秩父」・『吾妻鏡』・『将門記』より作成。

受領《ずりょう》（筆頭国司）として東国に下ったのである。

高望が東国に国司として下向《げこう》した時期の東国は治安が非常に悪化していた。群盗の蜂起が慢性化していたのである。なかでも最も深刻な被害をもたらしたのは、「僦馬《しゅうば》の党」と呼ばれた武装集団であった。彼らは、武蔵国・甲斐《かい》国・信濃国などで、京都に上納する租税の奪取や群盗行為を働いていたのである。「僦馬の党」は東海道・東山道《とうさんどう》とその間をつなぐ道を利用して離合集散し、国司軍の追討から巧みに逃れていた。彼らの多くは、富豪層（富豪浪人）であったと考えられている。

富豪層とは、律令国家が墾田《こんでん》の開発・所有を認めた八世紀前半以降に出現した、田地の開発・経営やそれらに関わる諸物資の運用・労働力編成を通して在地の有力者となった勢力である。彼らは、院宮王臣家《いんぐうおうしんけ》（皇族・貴族ないしその家政機関）の荘園の現地経営に登用され、国司の統治を阻害するようになっていた（戸田一九六七・一九九一など）。朝廷の諸官司《かんし》も、富豪層からの奉仕を受けていた（吉川二〇〇二）。

また、富豪層のなかには、戸籍・計帳に登録された地（本貫地《ほんがんち》）を離れて、各所で田地開発や交易、荘園・牧の経営などに従事する者が現れた。このような存在は「富豪浪人」と呼ばれ、東国の「僦馬の党」の多くを占めていたと考えられている。

平高望は、このような東国群盗の活動を抑える任務を負って東国に下向したと考えられている（高橋昌明一九七一）。当然、高望には群盗と戦うだけの武力・武芸があったといえるであろう。すなわち、高望は武芸をもって朝廷に仕える貴族（軍事貴族）であった。

九世紀の貴族社会は文官を中心とした政治運営がなされていた。八世紀段階では、大伴《おおとも》氏・坂上《さかのうえ》氏のように軍事を主な職能とする氏族が存在していたが、桓武天皇の死とともに蝦夷《えみし》征討《せいとう》事業が縮小され、国政における軍事の比重が低下したため、坂上氏らも文官に転身していったことが指摘されている。

しかし、九世紀後半以降、群盗が治安を悪化させる状況に直面して、朝廷は新たな軍事力の必要を自覚せざるをえなくなった。そして、朝廷の軍事力の担い手になったのは、武勇に優れた下級貴族や王臣子孫たちであった。平高望については、父である高見王《たかみおう》が早世し、その後ろ盾を得られなくなったため、武力を身につけたことが想定されている。

そして、高望は上総介の任務を果たした後も、東国に留住して勢力を扶植し、その権益は子息たちに継承され、さらに広がった。

長男の国香《くにか》は常陸国の勢力基盤を継承（あるいは自ら形成）し、朝廷からも常陸大掾《だいじょう》（常陸国司の次官）に補任された。子息の貞盛《さだもり》は京都に出仕して、朝廷の馬を管理する馬《め》寮《りょう》の三等官である左馬允に任官した。後述する平将門《たいらのまさかど》の乱《らん》では大きな勲功をあげ、各国の国司・鎮守府《ちんじゅふ》将軍を歴任し、京都の貴族社会を主な活動の場とする中央軍事貴族の代表格の一人になった。この貞盛が、のちに平清盛を輩出する伊勢平氏《いせへいし》の始祖である。貞盛の弟繁盛《しげもり》は、兄貞盛とは異なり、常陸を主な勢力基盤とした。その子孫は同国で経済的基盤や武士団の拡充を図る常陸平氏として、一〇・一一世紀には、京都で活動する貞盛流と連携しつつ京都と地方社会にわたって活動した（高橋修二〇一五など）。

高望の次男である良兼《よしかね》については、上総国における高望の勢力基盤を継承したこと、下総介に任官して同国にも勢力基盤を形成したこと、常総の内海（香取内海〈霞ヶ浦〉）に連なる水系を掌握したこと、下野《しもつけ》国にも勢力基盤を形成していたことが想定されている。

高望の三男である良持は、平将門の父である。彼の勢力基盤は下総国北西部に形成され、また鎮守府将軍に任官したことで陸奥国にも所縁・権益があったと考えられている。

高望の子息のうち、国香・良兼・良正《よしまさ》は、先行して常陸国に勢力を形成していた源《みなもとの》護《まもる》（嵯峨源氏と推測される軍事貴族）の息女を娶っていた。それに対して、良持・良文には源護一族との婚姻関係は確認できない。このことから、国香・良兼・良正と良持・良文の間には対立する素地があり、この関係が、一〇世紀後半から一一世紀前半に、貞盛流平氏（国香子孫）と良文流平氏とが対立する事態を生み出したと考えられている。

平将門は、源護一族やその姻族である国香・良兼・良正と、支配拠点・田地などをめぐって争った。とくに国香との戦いでは彼を戦死させたため、従兄弟である貞盛とも敵対することになった。また、将門が良兼の娘を娶ったことを根拠として、良兼が形成した下総国北西部の支配拠点の継承を主張したことが、両者の対立につながった可能性が指摘されている。

その後、将門は東国の富豪層・郡司層と国司の対立など、東国における紛争の調停者的存在となり、受領と対立して平将門の乱を引き起こす。また、将門が若いころ京都に出仕して滝口《たきぐち》（天皇の護衛役）を勤め、藤原忠平《ふじわらのただひら》を主君としていたことはよく知られている。将門は京都に人的ネットワークを持ちつつ、東国に自己の勢力基盤を形成・維持していたのである。

将門だけでなく、国香（あるいは貞盛・繁盛）や良兼らも源護一族だけでなく、東国の富豪層と結びついていたと考えられる。先述したように、平高望が東国国司として下向したのは、富豪層をふくむ群盗の活動を抑えるためであった。しかし、高望は富豪層を抑圧するだけでなく、自らの軍事基盤（「伴類《ばんるい》」）とする試みも並行していたのであろう（髙橋昌明一九七一）。富豪層を配下・同盟者に組み込むことは、国司としての統治任務を遂行する上でも、自身の権益を形成する上でも有効だったからである。高望の子息・孫たちも、高望と共通する方法で自らの権益を形成・維持していたのであろう。

以上の記述をまとめると、平高望の子息・孫たちは、東国国司や京官などに任官し、天皇の護衛に従事し、有力な貴族と主従関係を持つなど貴族社会とのつながりを有していた。そして一方では、東国の富豪層やその支配下にあった民衆を組織して、地方での勢力基盤を形成・維持していたと考えられる。彼らは武芸をもって京都・東国で活動していたのであり、武士と認めてよいであろう。ただし、彼らは、「中世につながる武士」ではあっても、「中世武士」とはいえない。

平高望の子・孫たちが持っていた権益の内容は、①交通の要衝に設定した宿・営所（居館を含む拠点空間）、②田地、③農具・馬・種籾などの動産、そして田地経営や動産の確保（おそらく交易をともなう）などを実現する交通体系の掌握、という三つ（ないし四つ）に整理される。

すなわち、一〇世紀の桓武平氏一門は、営所を基地として、民衆に種籾や農具などを貸与すること、あるいは私出挙《しすいこ》（民衆への種籾貸し出し）を通じて、自身の営田を耕作させていたと考えられる。確証はないが、これらの営田は国衙《こくが》への官物納入の義務を負っていたと思われる。これらの営田は、支配の単位として定まった中世的な所領（荘園・公領）とは異なり、経営状態や国衙との関係が悪化すれば退転しかねない不安定な権益であったと考えられる。

そして、平高望の子・孫たちの軍事編成においては、営田よりも動産がカギを握っていた。『将門記《しょうもんき》』によると、将門と対立した平良兼は、将門の配下である丈部子春丸《はせつかべのこはるまる》を味方につけるにあたって、東絹《あづまのきぬ》一疋を与え、「乗馬之郎頭」の身分と衣服・穀米を恩賞として提示している。『将門記』で「伴類《ばんるい》」と呼ばれた、桓武平氏一門たちが編成した武力は、戦況が悪化すると戦場を離脱するという、戦力としては不安定なものであった（下向井二〇〇一、川尻二〇〇七、高橋修二〇一三など）。

すなわち、桓武平氏一門をふくめた一〇世紀段階の軍事貴族は、営所と動産の確保を軸として田地を支配・経営し、動産を主な媒介として軍事編成を行っており、田地支配・軍事編成ともに不安定な要素を持っていた。彼らは、支配単位として定まった所領を主な経済的基盤、郎従の供給源としていた中世武士とは異なる存在であり、平良文も、このような古代の武士であったと考えるのが妥当である。

平良文・忠頼と武蔵国

以上、先行研究に学びながら、形成期の桓武平氏一門のあり方を概観してきた。このなかで平良文はどのような活動をしていたのであろうか。

秩父平氏はもちろん、上総氏・千葉氏といった両総平氏、相模国の三浦氏など、東国の平氏系武士団のほとんどが彼を始祖に位置づけている。平良文は、平将門の乱で将門を討ち取る勲功をあげた藤原秀郷とならび、東国武士社会のなかで伝説的な存在であったのである（福田一九七三など）。

一二世紀はじめ頃に成立した説話集である『今昔物語《こんじゃくものがたり》』の巻第二五「源充・平良文合戦語」では、武蔵国の兵《つわもの》である源充《みなもとのあつる》（箕田《みだ》源次）と良文とが武勇の優劣を争って対立し、一騎打ちによって雌雄を決しようとしたが勝負がつかず、以後、互いを認め合うようになった、というエピソードが収載されている。また、良文は鎌倉時代に成立した類聚辞典である「二中歴《にちゅうれき》」第十三収載の「一能歴」・「武者」で「村岡五郎吉文」と記されており、高名な武士であったことがうかがえる。

さらに、平良文は鎮守府将軍に就任していた形跡がある（『鏡』文治三年一一月二一日条、『群書類従《ぐんしょるいじゅう》』巻一三八「桓武平氏系図」）。一二世紀の武士にとって「将軍」といえば征夷大《せいいたい》将軍《しょうぐん》ではなく鎮守府将軍やその有資格者などの権威ある武士を意味していた。「将軍」と呼ばれた武士は、一二世紀の武士社会において、その故実や佳例を尊ばれていたのである（下村二〇〇八）。

しかし、右にあげた事例は、良文が生きていた時代の史料から導き出したものではない。一二世紀までに、平良文がどのような存在として認識されていたのかは把握できるが、良文の具体的な行動を知る上で限界があることは否めない。

しかし、近年、平良文の行動に関する事実上の一次史料が発見された。川尻秋生氏は、『大法師《だいほっし》浄蔵伝《じょうぞうでん》』所収「外記日記《げきにっき》」逸文（天慶三年〈九四〇〉二月二五日条）の諸本を調査して、これらの諸本すべてが寛喜三年（一二三一）一一日二七日の奥書《おくがき》を持つ奈良国立博物館所蔵の写本の系統に属することを明らかにした。さらに、この史料の欠損部分に残った墨の残画を詳細に検討し、この史料が平将門の乱における良文の動向を示すものであったことを明らかにしたのである。

『大法師浄蔵伝』所収「外記日記」では、「平良□（文）□夜半馳せ来たりて申して云わく、『平将門今月十三日、下総国辛（幸）島郡の合戦の庭において、下野・常陸等の国の軍士平貞盛・藤原秀郷等のため、討ち殺さるること已《すで》におわんぬ』（以下略）」と記されている。すなわち、将門が貞盛・秀郷の連合軍と戦って戦死したのは二月一三日（『将門記』では一四日）であり、平良文がその旨を最初に朝廷サイドに報告したことがわかる。

良文は将門の戦死を安倍忠良《あべのただよし》に伝えた。そして忠良は上野国府に一五日の朝（午前一〇時頃）に、上野国府は信濃国府にこの旨を伝え、信濃国府から朝廷への報告は二五日夕方（午後四時三〇分頃）に届いたのである。

川尻氏は、このような事実経過を復元し、平良文が将門追討軍に加わっていたか、合戦が行われた幸島郡のきわめて近くにいた可能性が高いことを指摘した。そして、平良文が幸島郡に隣接する相馬郡内で相馬御厨のもととなる所領を開発していた可能性があること、良文は将門の乱追討軍に加わった恩賞をもとに相馬郡内の所領などの経済的基盤を形成した可能性があること、これらの権益が、良文の孫平忠常やその子孫である上総氏・千葉氏が発展する基盤となったことを論じた（以上、川尻一九九三・二〇〇七）。

私も、良文が将門の乱鎮圧者の一人であった可能性は高いと考えている。そして、彼は将門の乱後、武蔵国においても勢力基盤を形成（もしくはより確かなものと）して、それを子息忠頼に継承させたと考えるのが自然であろう。

「村岡五郎」と称された良文の名字については、相模国鎌倉郡村岡郷（神奈川県藤沢市）と武蔵国大里郡村岡郷（埼玉県熊谷市）の二説が有力である。この点については、良文が武蔵国箕田（埼玉県鴻巣市）の源充（箕田源次）と合戦したという『今昔物語』の記述が重要である。この説話は、良文と宛それぞれの拠点が近くにあったことを暗示している。したがって、良文の名字の地は、武蔵国大里郡村岡と考えるのが妥当であろう（大村一九八二、鎌倉二〇一八）。

また、一〇世紀末、平繁盛（貞盛の弟）が比叡山《ひえいざん》に金泥大般若経《こんでいだいはんにやきよう》を奉納しようとした際、陸奥介平忠頼《ただより》・忠光《ただみつ》の兄弟が武蔵国に移住して伴類を率いて妨害したという（『続左《ぞくさ》丞抄《じようしよう》』所収寛和三年〈九八七〉正月二四日「太政官符」）。この事実も、忠頼が武蔵国に拠点を有していたことを示している。彼も「村岡次郎」・「村岡五郎」と呼ばれている（「中条家文書」所収「桓武平氏諸流系図」・『群書類従』巻一三八「桓武平氏系図」など）。

良文が村岡を名字の地とした時期や、源充と合戦した時期については不明とせざるをえない。ただ、将門の乱以降、良文が武蔵国で勢力を伸ばしたことは否定できないだろう。将門の乱鎮圧にあたって、朝廷は勲功者に「田地の賞」を与えることを表明していた。良文は、将門の乱鎮圧の勲功として武蔵国内に田地を給与されたか、すでに形成していた田地・拠点経営を強化する何らかの権益を得た可能性が高い。

なお、将門の乱をふくむ天慶の乱（平将門の乱・藤原純友の乱）は、中世武士の成立にも大きな影響を与えていた。下向井龍彦氏は、天慶《てんぎょう》の乱《らん》の鎮圧軍に加わって勲功を挙げた者が、中世武士の始祖の多くを占めていたことを指摘している（下向井一九九五）。良文は、将門の乱の鎮圧軍に参加し、武士としての社会的認知を確かなものにしたのではないだろうか。そして、彼の武士としての名声・職能・権益は、子息忠頼に継承され、秩父平氏・両総平氏という豪族的武士団を生み出すことになったと考えたい。

秩父平氏の成立

忠頼の子息将常《まさつね》の時代、武蔵国における良文流平氏の拠点は、武蔵国村岡から同国秩父郡へと移動した。秩父平氏の成立である。以下、先行研究に学び、その経緯をあとづけていこう（菊池紳一二〇一二、鎌倉二〇一八）。

忠頼の長男将恒（将常）は、「中条家文書」所収「桓武平氏諸流系図」には「武蔵権守、字秩父三郎」と注記されている。「畠山系図」では「中村太郎」と注記されており、同郡内の大宮郷中村を本拠としたと思われる。この将常の時代に秩父郡を発祥の地とする平氏系武士（団）、秩父平氏が成立したと考えられる。

将常の嫡子武基《たけもと》は、「中条家文書」所収「桓武平氏諸流系図」では「秩父別当大夫と号す」、「指宿文書」所収「平姓指宿氏系図」では「秩父別当と号す」、「入来院家所蔵平氏系図」では「武蔵国押領使、秩父大夫と号す」と注記されている。そのほか、「千葉上総系図」・「畠山系図」・「佐野本系図」が武基を「秩父別当」としている。武基が武蔵国秩父牧《ちちぶのまき》の別当となったことはほぼ間違いない。

秩父牧は、同郡石田《いわた》牧・児玉郡阿久原《あくはら》牧からなる大きな牧である。もとは宇多《うだ》上皇の私牧であり、承平三年（九三三）に勅旨牧《ちょくしまき》（朝廷の馬寮が管轄する牧）に指定された。将常の嫡子武基・嫡孫武綱《たけつな》は「武」の字を実名に用いており、これは、一〇世紀後半～一一世紀前半頃の丹党《たんとう》（丹治《たんじ》姓の武蔵武士団）の名乗り「武経―武時―武平」（「諸家系図纂」二五―下「丹治」）と共通している。このことから、平将常・武基は、先行して秩父郡石田牧に勢力を形成していた丹党と婚姻関係などを結んで同郡に拠点を移し、秩父牧の管理者となったことが指摘されている（野口一九九七、町田一九九三など）。

また、秩父牧を構成するもう一つの牧、阿久原牧は、児玉党という有道《ありみち》姓の武士団の拠点であった。児玉党は、一〇世紀末の藤原北家の有力者藤原伊周《これちか》を先祖とする系譜伝承を持っており、一一世紀半ば頃に武蔵国に下向し、定着したと考えられる（鎌倉二〇一八）。秩父武基は児玉党と連携して秩父牧の経営に従事したとみられる。

秩父牧は、武蔵国府から遠く離れているが、上野《こうずけ》国を経由して京都に上るには適した地であった（田中広明二〇〇八）。秩父平氏を興した将常、その子武基、孫の武綱は、秩父牧を本拠とすることで、京都の貴族社会と武蔵国双方にコネクションを持ち、武士団に不可欠な良馬を確保したと考えられる。

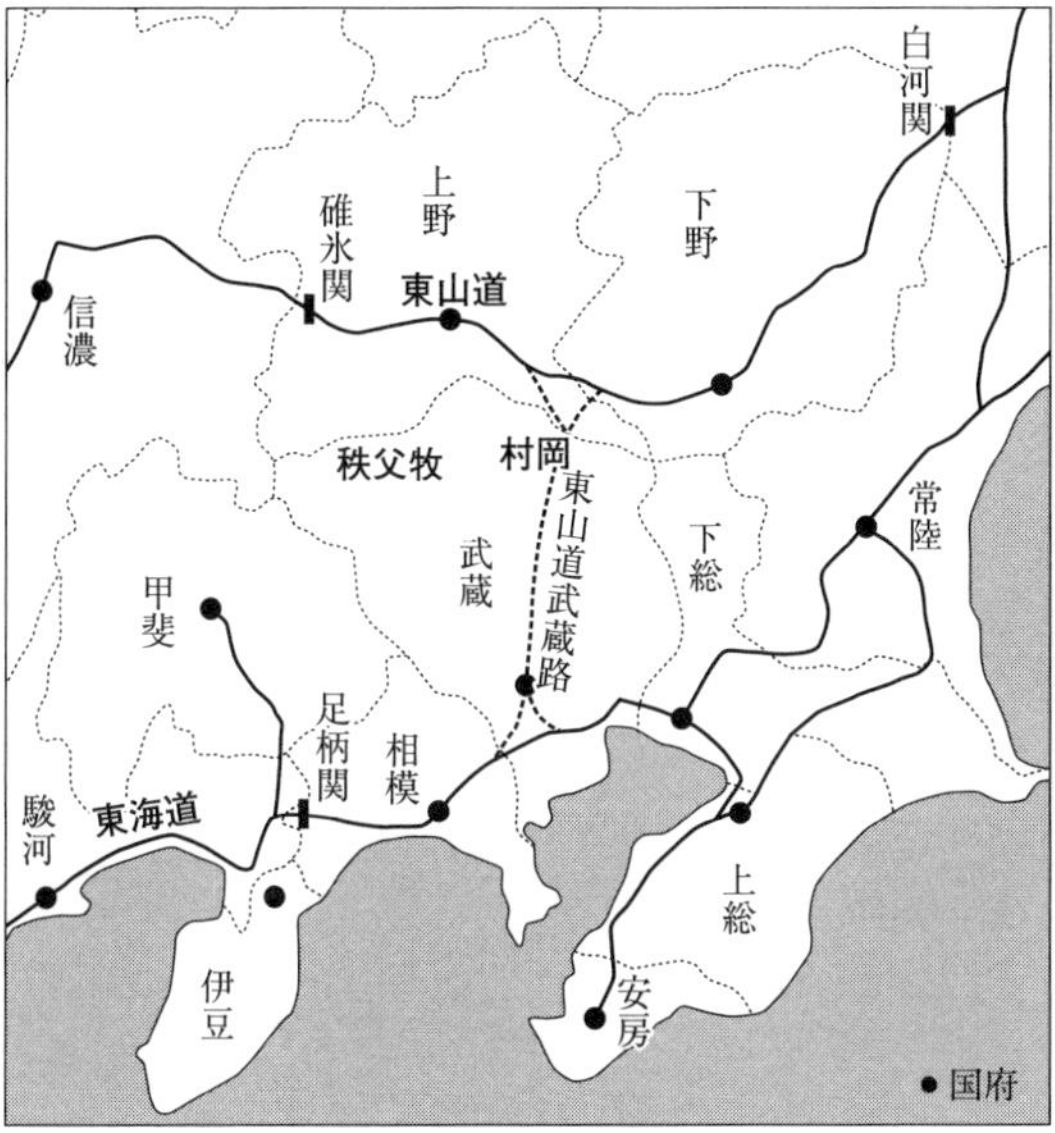

図2　村岡・秩父牧と東国の主要陸道
（高橋修2014をもとに作成）

秩父武綱と河内源氏・児玉党・横山党

秩父武基の嫡子武綱は、中央軍事貴族（京武者）の代表格である清和源氏頼信《よりのぶ》流（河内源氏《かわちげんじ》）、具体的には源義家《よしいえ》に臣従したと考えられる。源義家（頼信の嫡孫）は、陸奥守として同国に赴任した際、陸奥国奥六郡・出《で》羽《わ》国北部を勢力圏とした大豪族清原氏の内紛に介入し、後三年合戦《ごさんねんかっせん》を引き起こした（一〇八三〜八七）。この時に武綱は白旗を掲げて義家軍の先陣を勤めたことが、秩父平氏嫡流のなかで語り伝えられていた。畠山重忠も、頼朝のもとに参陣した際、その面前で後三年合戦における武綱の故実《こじつ》を述べている（『延慶本平家物語《えんぎょうぼんへいけものがたり》』）。この故実については、後三年合戦当時（もしくは近接した時期の）史料で確認することは難しい。したがって、秩父武綱が後三年合戦に参加したことは確定できない。

しかし、源義家と秩父武綱が主従関係を締結していた可能性は高い。武綱は、源頼義・義家に従属した有力な武蔵武士と婚姻関係を結んでいるのである。

秩父武綱の嫡男重綱《しげつな》の妻は、武蔵国の有力武士団である横山党の嫡流横山経兼《つねかね》の息女であった（『群書類従』巻一六六「小野系図」）。この婚姻を取り決めたのは、それぞれの父である秩父武綱と横山経兼であろう。

横山党の嫡流は多磨郡南部（おそらく小野牧）を本拠としており、一一世紀中葉から後半には武蔵国北部に勢力を広げ、猪俣党を生み出している（鎌倉二〇一一など）。横山党は小野姓を標榜しており、源氏・平氏・秀郷流藤原氏のような中央軍事貴族出身でないにもかかわらず、豪族的武士団に成長した珍しい存在であった。このような横山党の動き・勢力をふまえると、横山党と秩父平氏は一一世紀後半には連携していた可能性が高い。

それだけではない。横山党嫡流の横山経兼は、河内源氏頼信流に従属していたことが確実である。横山経兼は、義家も従軍した前九年合戦《ぜんくねんかっせん》（一〇五一〜六二）に参加し、八寸の釘をもって敵将安倍貞任《あべのさだとう》の首を懸ける儀礼を勤めていた。この貞任の梟首《きょうしゅ》は、故実として横山氏のもとで伝承されていた（入間田一九九八、川合二〇〇七B）。

以上の情報をふまえると、前九年合戦に参加した横山経兼は、秩父武綱より年長であり、

図3　横山党略系図

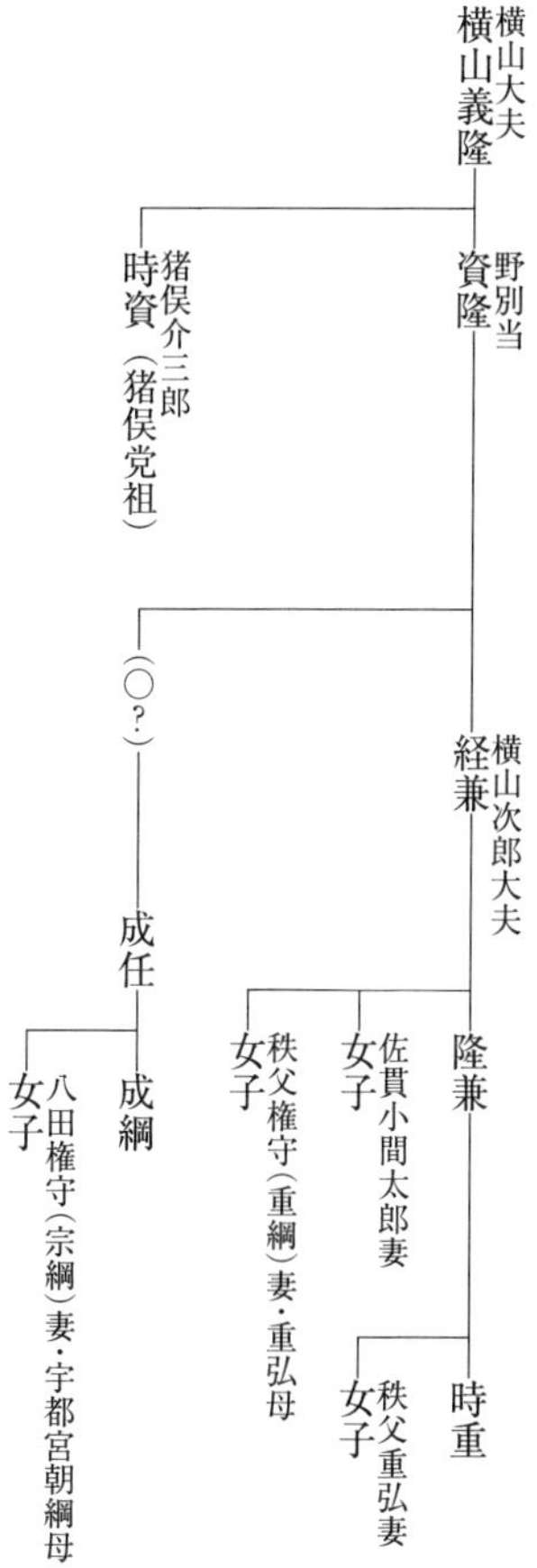

＊「諸家系図纂」所収「横山系図」・「小野系図」・「小野氏系図　横山」より作成。

一一世紀前半に生まれ、一一世紀末頃に死去したと推定できる。また、武綱の嫡子重綱の妻（児玉経行《こだまつねゆき》の息女）は、源頼朝の兄義平（一一四一〜六〇）の乳母を勤めていた（「諸家文書纂」所収「児玉系図」など）。したがって、秩父重綱はおそらく一一世紀後半に生まれ、一一五五年より前に死去したと考えられる（この点については後述する）。重綱の父である武綱は、一一世紀前半もしくは半ば頃に生まれ、一一世紀末から一二世紀初め頃に死去したと推定できる。したがって、横山経兼と秩父武綱は、源義家と同時期に活動していたといえる。

さらに、源義家は児玉党も従属させていた。源義家は、自身に従わない上野国の多胡高経を討つことを児玉弘行に命じ、代官として弘行の弟経行が高経を討った。そして、多胡氏の旧領に経行が進出したと考えられる（町田一九九三、川合二〇一〇Aなど）。そして、秩父武綱は、児玉経行の子息行重に自身の息女を嫁がせている（『肥後古記集覧』十五所収「小代系図」など）。婚姻を取り決めたのは、やはりそれぞれの父である秩父武綱と児玉経行であろう。

以上、秩父武綱は、清和源氏頼信流（頼義あるいは義家）と主従関係を結んでいた横山党・児玉党と婚姻関係を結んでおり、武綱自身にも義家に仕えていた形跡がある。秩父武綱・横山党・児玉党の婚姻関係は、同じ武蔵国内の武士であるという条件に加え、源義家に仕える傍輩関係に基づいて実現したと考えるのが自然であろう（鎌倉二〇一六・二〇一八）。

秩父武綱・児玉党・横山党と陸上交通

秩父武綱と児玉党・横山党の間で結ばれた婚姻関係は、武蔵国・上野国をつなぐ陸上交通の体系とも関わっていた可能性が高い。

古代、武蔵国は東山道に属していたが、宝亀二年（七七一）に東海道に編入された。以後、東山道は信濃・上野・下野・陸奥、東海道は相模・武蔵・下総西部・常陸を通ることになった。しかし、古代東国の交通は東山道・東海道のみによって成り立っていたわけではない。川尻秋生氏は、東山道・東海道とは異なるルートや両道を結びつけるルートが運用されていたことを明らかにした。川尻氏が明らかにした実例の中で武蔵国に関わることは、①上野国と武蔵国をつなぐ東山道武蔵路（やそれと関わるルート）が東山道と東海道を結ぶ重要なルートとして生き続け、中世の鎌倉街道に継承されたこと、②九世紀末に慢性化した「僦馬の党」は東山道武蔵路を介して信濃・上野・武蔵を移動していたことである（川尻二〇〇二）。

川尻氏が明確にしたルートのうち、駿河国—相模国—武蔵国—（上野国）—下野国という行程をたどるのは以下の二例である。

①　平治《へいじ》の乱《らん》（一一五九）に連座して下野国に配流《はいる》された藤原信西《しんぜい》の子息成範の行程

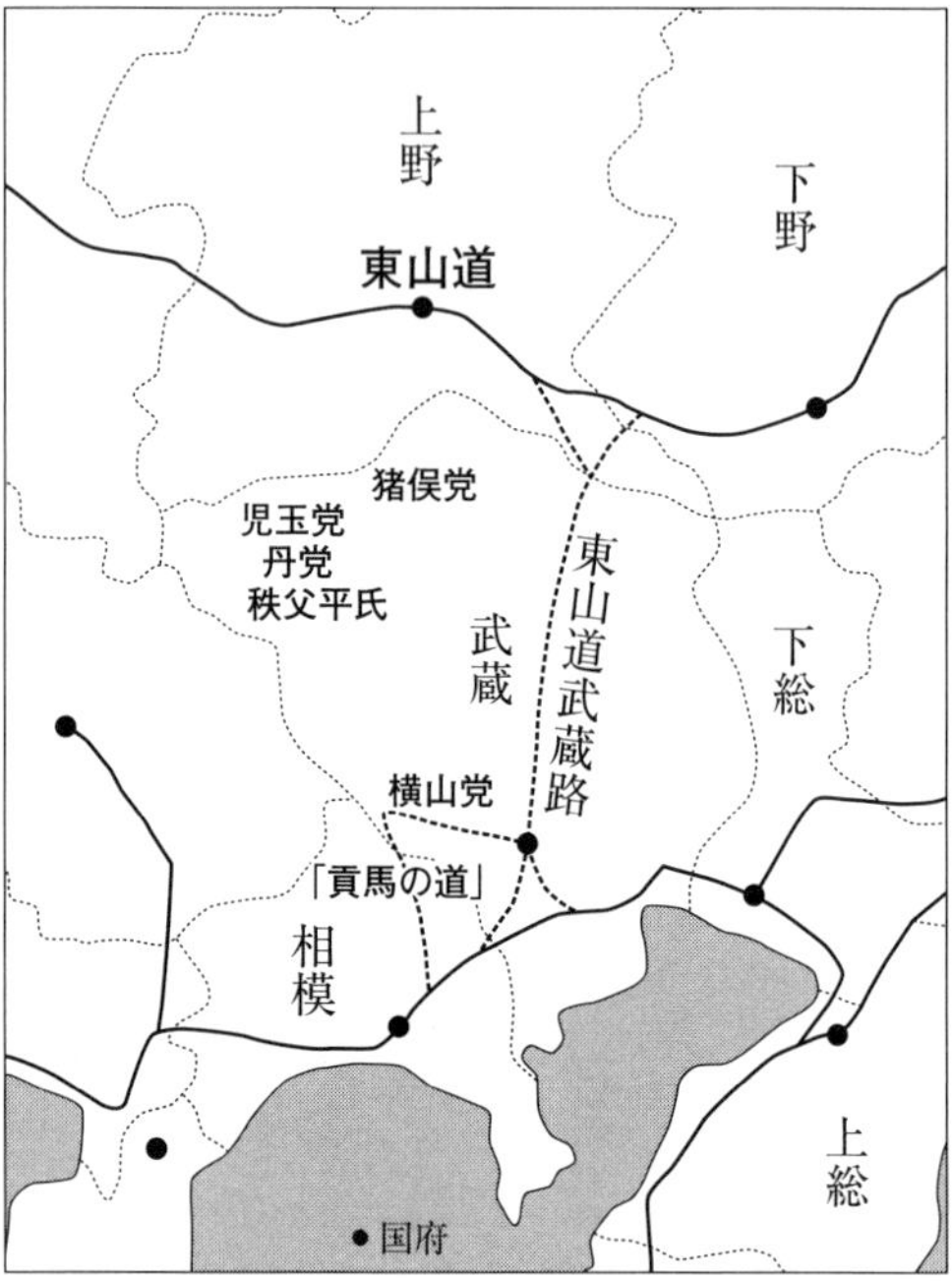

図4　秩父平氏・横山党・児玉党と交通路
（高橋修2014をもとに作成）

（『平治物語』〈一三世紀前半までに成立か〉）

宇部山（駿河国）―足柄（相模国）―堀兼の井（武蔵国入間郡）―下野国府

② 陸奥守　橘為仲《たちばなのためなか》が承保三年（一〇七六）に都から任国である陸奥に向かった行程

（『橘為仲集』）

清見関《きよみがせき》（駿河国）―箱根山の麓（相模国）―横山（武蔵国多磨郡）―白河関（陸奥国）川尻氏が示したルートは、横山党の勢力拡大の範囲とおおむね重なっている。とくに相模国から横山党の本拠である武蔵国多磨郡横山を通って上野国・下野国に至るルートが存在していたことは重要である。

横山党は一一世紀中葉〜後半には武蔵国南部から北部に勢力を扶植し、さらに一一世紀末から一二世紀初頭には相模国にも勢力を伸ばしていた。横山党は、武蔵国北部に一族を展開させた一一世紀後半から一二世紀初頭にかけて、秩父重綱・重弘《しげひろ》父子（武蔵北部）・佐貫氏（上野）・八田氏（常陸・下野）との婚姻関係を結んだ形跡がある（『群書類従』巻一六六「小野氏系図　横山」・「小野系図」）。これらの武士たちの拠点は、東山道沿いかその近くであった。

東山道は陸奥国を終点とする。陸奥は馬・金・鷲羽といった貴族社会・武士社会で珍重された物資の主要産地であり、桓武平氏・秀郷流藤原氏などの軍事貴族は、これらの確保を目的の一つとして、鎮守府将軍・陸奥守に就任していた（野口一九九四Aなど）。横山党は、東山道からもたらされる富を確保するために、秩父氏・佐貫氏・八田氏ら北関東の武士たちと婚姻関係を重ねた可能性が高い（鈴木国弘二〇〇三）。

また、横山党が相模国に勢力を伸ばす際に掌握したのが、東海道から相模国糟屋《かすや》付近で分かれて武蔵国小野牧方面まで伸びていた「貢馬《くめ》の道」である。そして、この道は相模国府と武蔵国府を結ぶルートでもあった（菱沼一九九三、高橋一樹二〇一三）。横山経兼の子息盛経は「糟屋」と名乗っており、「貢馬の道」に沿った横山党の勢力拡張は、横山経兼・隆兼《たかかね》父子が横山党嫡流であった時期から始まっていたと考えられる。

一方、武蔵国北部に勢力を持つ児玉党は、源義家の命に従って多胡高経を追討してその旧領を確保した。このことによって、児玉党は、上野国西南部に進出して東山道と接触するに至ったのである。

以上の事柄をふまえると、秩父武綱・重綱父子と横山党・児玉党との婚姻関係は、河内源氏嫡流を共通の主君に仰ぎ、東海道と東山道を結ぶルートを拠点とした武士団連合の形成を意味していたのではないだろうか。

そして、東国における河内源氏の拠点である鎌倉が、東山道・東海道と直接結びつかず、物流の中心たりえなかったことにも注目したい（高橋一樹二〇一三、木村二〇一六など）。源義家は、秩父武綱・重綱父子、横山党、児玉党を郎等《ろうどう》とし、彼らの婚姻関係を媒介する（あるいは彼らの連合に便乗する）ことで、東海道・東山道をつなぐ交通・物流の体系に関わろうとしていたのかもしれない。そして、これらの交通・物流体系のうち、上野国西南部と武蔵国北西部をつなぐルート、すなわち秩父平氏・児玉党（および猪俣党）の拠点をつなぐルートが、後の鎌倉街道上道《かみつみち》に発展したと考えられる（川合二〇一〇A）。

なお、後に述べるように、秩父平氏・児玉党・横山党は、義家の死後も河内源氏嫡流との主従関係を維持している。河内源氏嫡流と秩父平氏・児玉党・横山党の主従関係が継続した（あるいは再生産された）背景には、東山道と東海道をむすぶ交通・物流ルートの共有という、共通の目的があったのではないだろうか。

秩父重綱の時代

秩父武綱から重綱に、秩父平氏族長の地位が継承されたのは一一世紀末頃であったと考えられる。秩父重綱の活動時期に、秩父平氏、とくにその嫡流のあり方は大きく変化した。

秩父重綱の登場

秩父重綱は一一世紀後半に生まれ、大蔵合戦が起こった久寿二年（一一五五）より前に没したと考えられる。秩父平氏（嫡流）の氏寺・聖地と考えられる男衾《おぶすま》郡平沢寺《へいたくじ》（植木二〇一二など）から出土した久安四年二月二九日付の経筒《きようづつ》には「当国大主散位／平朝臣茲縄《重綱》方縁等」（／は改行を示す）が施入した旨が刻まれている。「方縁（芳縁）」とは「よい因縁。めでたい縁」という意味であり、経筒や仏像の銘文では、妻を指す場合が多い（水口二〇一七）。

この銘文については、「当国の大主である散位平朝臣重綱とその方縁等」という解釈と「当国の大主である散位平朝臣重綱の方縁等」という解釈があり得る。前者の解釈を採用すると、重綱は久安四年二月二九日の時点では生きていたことになる。後者の解釈を採用すると、重綱はすでに死去していた可能性が出てくる。

以前、私は、この銘文を「当国の大主である散位平朝臣重綱の方縁等」と解釈し、重綱は久安四年以前に死没していたと主張した（清水亮二〇一二）。しかし、現在では、この経筒は秩父重綱とその妻たちが施入したものであり、久安四年二月時点では重綱は生きていたと考えるに至った。この経筒の趣旨は「自他法界平等利益の為なり（自分たちと全ての人々の平等の利益の為である）」であり、少なくとも重綱の供養を明示していない。重綱が氏寺としての平沢寺をある程度整備した段階でこの経筒を埋納したとする理解が妥当であろう（菊池紳一二〇一二）。

さて、秩父重綱が活動した時期は、院政という政治形態が出現し、院政と密接に結びついて中世の支配システムである荘園制と、荘園制を基礎づける土地制度である荘園公領制が形成された時期でもある。秩父重綱の活動時期以降に見いだされる秩父平氏のあり方の変化は、日本中世の国家・社会の形成と密接に結びついたものであったことが容易に想像される。秩父重綱の活動を把握することは、秩父平氏のあり方だけでなく、東国における中世の開幕を理解することにもつながるのである。

そこで、秩父重綱を中心とした武士たちの婚姻関係を「図5　秩父平氏嫡流関係系図」（四二頁）に整理した。この系図と近年の研究成果とをふまえて、秩父重綱期に現れた変化を列挙すると以下のようになる。

A、秩父平氏嫡流の本拠が、秩父郡から男衾郡菅谷《すがや》・比企《ひき》郡大蔵地域に移動している。

B、重綱の活動時期に、児玉党との婚姻関係・養子関係がさらに緊密になっている。

C、重綱の子息・養子・孫は、武蔵国・上野国の荘園・公領の名字を名乗っている。

D、その他の武蔵国内武士との婚姻関係や国内有力寺院との関係が深まっている。

E、秩父重綱以降、秩父平氏嫡流は武蔵国有力在庁（武蔵国惣追捕使《そうついぶし》）の地位を継続して確保するようになった。

F、重綱の子息・孫は「重」を通字としており、重綱の弟である基家の子息たちも「重」字を実名に冠している。

G、重綱は下野国有力在庁であり武蔵国大田荘・大河戸御厨《おおかわど》の有力武士大田氏、下総国の有力在庁千葉氏との婚姻関係を形成している。

これらの変化について具体的に述べていこう。

秩父重綱の本拠移動と武蔵武士との婚姻・養子関係

まず、変化のA、すなわち本拠の移動について考えたい。この点については菊池紳一氏が、武蔵国北部における再開発事業と関連づけた説を提示している。すなわち、菊池氏は、①天仁元年（嘉承三年〈一一〇八〉）に起こった浅間山《あさまやま》の大噴火によって武蔵国北部も被災したため、国衙在庁であった秩父重綱が国司権力と結びついて当該地域の再開発に従事した、②この事業への参画にあたって、重綱は秩父郡を出て男衾郡平沢寺・菅谷周辺を本拠とした、③秩父重綱は横山党・丹党・児玉党・猪俣党などの協力を得て武蔵国北部の再開発を進めた、という経緯を想定したのである（菊池紳一二〇一二・二〇一四）。私も菊池氏の所説に賛同したい。

次に変化のD、武蔵国内武士との婚姻関係や国内有力寺院との関係の深まりについて考えたい。重綱が男衾郡域に進出しえた具体的な背景に猪俣党との連携が考えられる。猪俣党関係系図には、秩父重綱と重なる時期の人物として「男衾野五郎」重任を確認できる（『群書類従』巻一六六「小野系図」・「小野氏系図　猪俣」など）。男衾重任と重綱は実名の「重」を共有しており、重綱は猪俣党男衾氏と婚姻・養子などの関係を介して結びつき、その勢力基盤を継承したと考えられる（清水亮二〇一二）。

また、重綱は、その息女を菅原姓津戸《つのと》氏に嫁がせている。津戸氏は埼玉郡忍保《おしのほ》内の津戸

図5　秩父平氏嫡流関係系図

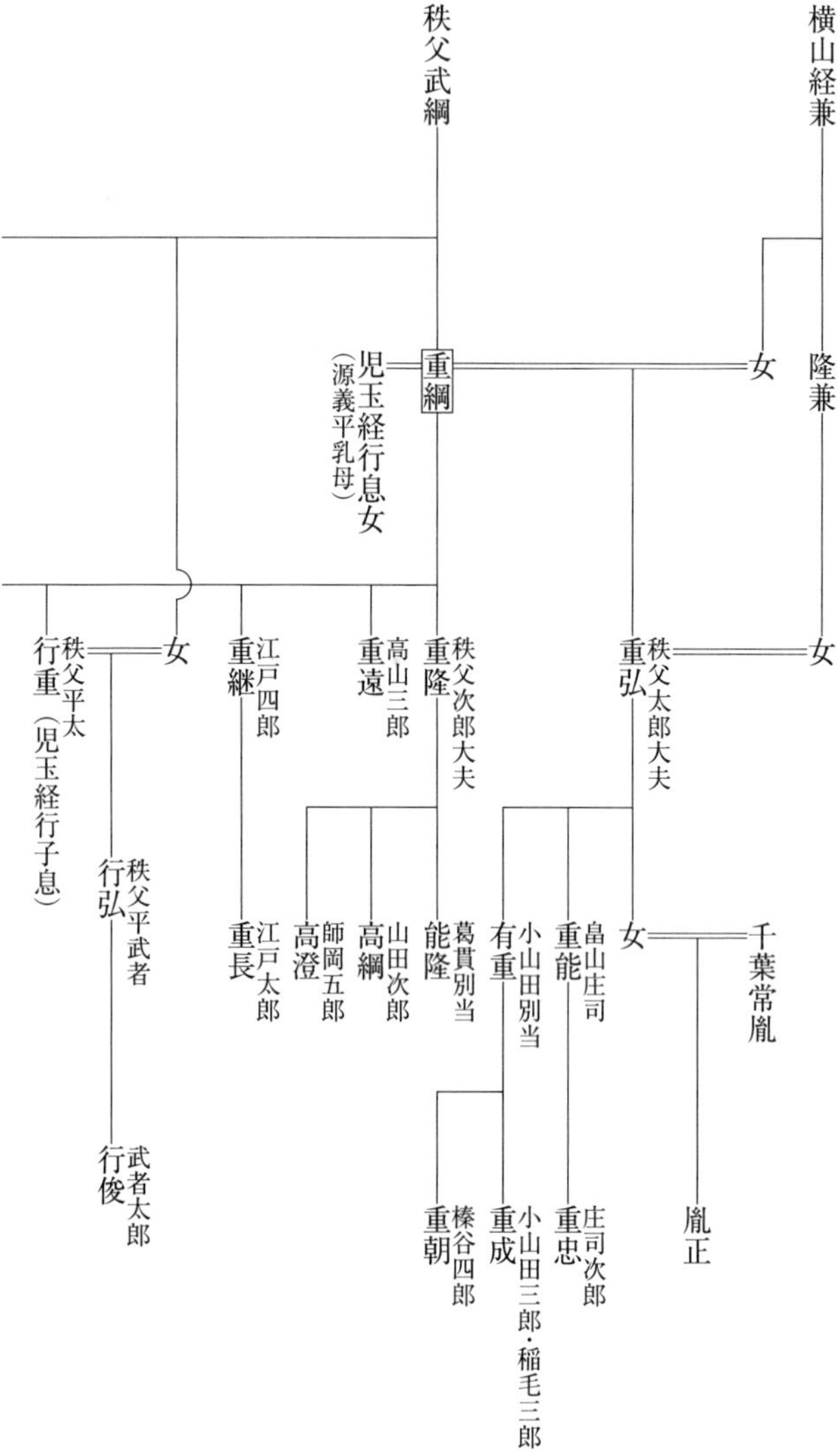

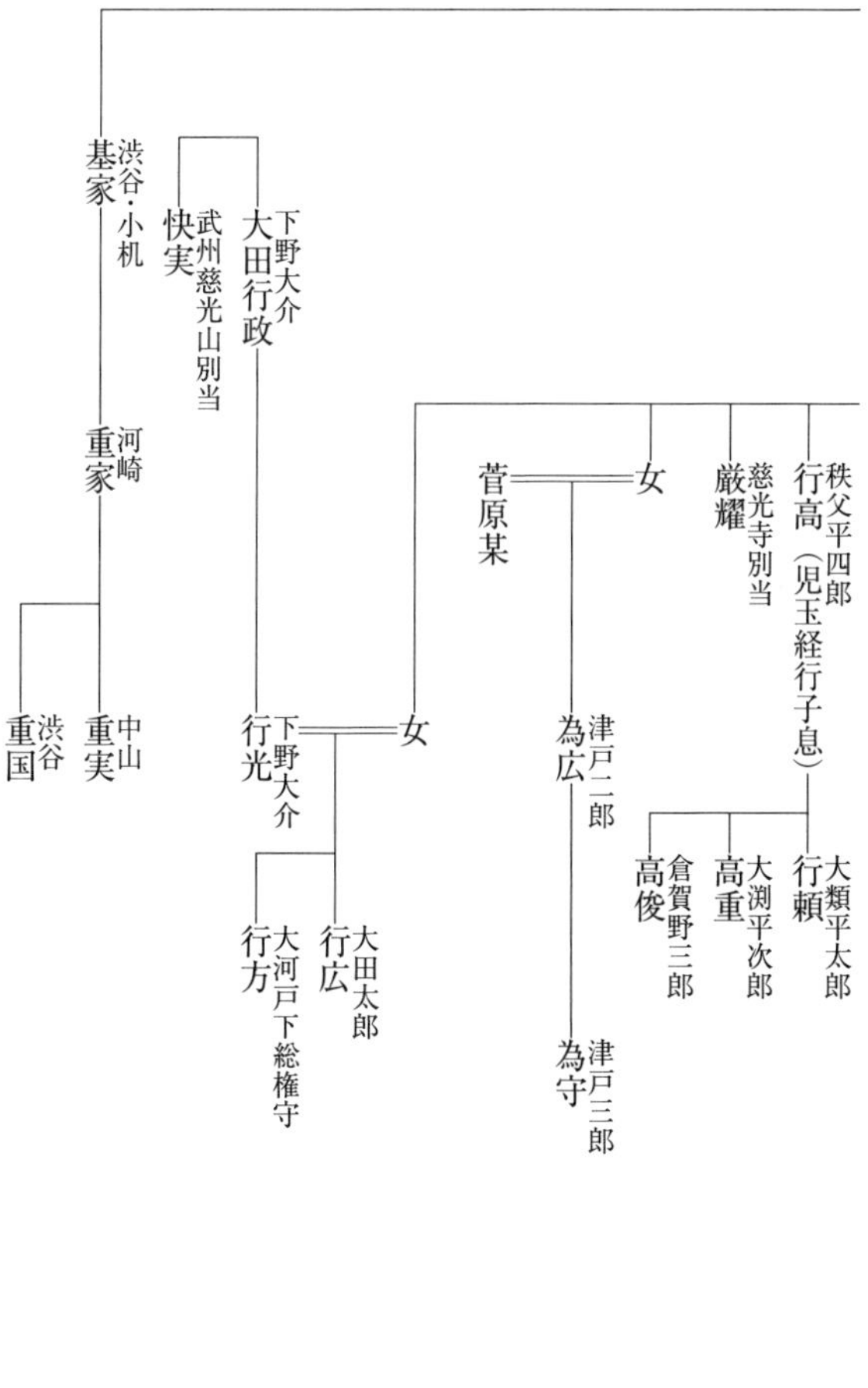

＊「入来院家所蔵平氏系図」・「中条家文書」所収「桓武平氏諸流系図」・「指宿文書」所収「平姓指宿氏系図」・『肥後古記集覧』十五所収「小代系図」・「諸家系図纂」所収「児玉系図」・「秀郷流系図　結城」・「小野系図」・「小野氏系図　横山」・「米良文書」所収「小林系図」・「千葉上総系図」・『吾妻鏡』・『法然上人伝記』より作成。

（埼玉県行田市下忍・鴻巣市下忍周辺）を本拠とした武士である。重綱が進出した男衾郡は、荒川を介して埼玉郡とつながっている。重綱の側からみた場合、津戸氏との婚姻関係は、武蔵北西部に本拠を移す過程で支持勢力を拡大するために進められたと評価できる。

さらに、重綱の末子と考えられるのが、武蔵屈指の観音霊場である比企郡慈光寺の別当《べっとう》になっている。厳耀は重綱の末子と考えられるので、彼の慈光寺別当就任は重綱の没後であった可能性がある。とはいえ、重綱の男衾郡・比企郡への進出が、厳耀の慈光寺別当就任を可能にした直接あるいは間接の原因であったことは想定してもよいだろう。

つぎに、B、児玉党との婚姻・養子関係の緊密化について考えたい。まず、重綱が児玉経行の息女を妻に迎え、彼女が源義平の乳母として河内源氏嫡流に出仕していることが注目される。これまでにも述べたとおり、児玉経行は源義家に従属していた。彼の息女を妻に迎え、源義朝の長男義平のもとに出仕させた重綱の行動から、児玉党と連携して河内源氏嫡流との主従関係を継続（あるいは再定義）しようとする戦略を読み取ることができる。

また、重綱は経行の子息である児玉行重・行高の兄弟を養子に迎え、彼らに「秩父」の名字を継がせた。さきに述べたとおり、彼らの父である児玉経行と秩父武綱が同時期に活動していたと推定される。したがって、秩父重綱は児玉行重・行高より年長ではあったが、実の親子に相当するほどの年齢差はなかったと考えられる。

行重・行高兄弟のうち、「秩父平太」と称した行重の系統は「秩父」の名跡を継承するとともに、上野国西部に展開した。行重は秩父武綱の婿でもあり、武綱息女との間に「秩父平武者」行弘が生まれている。「秩父平四郎」行高の系統も上野国西部に展開した（町田一九九三、菊池紳一二〇一二、木村二〇一三）。

浅間山大噴火と武蔵国の荘園公領制形成

浅間山大噴火によって、火山灰などが上野国南部一帯から武蔵国北部・下野国南部に降り積もり、国衙行政や民衆生活に甚大な被害を与えた。この時の火山堆積物は浅間Bテフラと呼ばれており、群馬県前橋市周辺では二〇《チセン》以上、伊勢崎市では一〇《チセン》以上、その周辺では約五《チセン》が堆積した。この被害地域の東端は鬼怒川流域から霞ヶ浦におよんだと推定されている。

浅間山大噴火は、被災地域の再開発と中世社会の成立をもたらした。すなわち、この大災害で大打撃を蒙った各地域において、武士を中心とした諸勢力が被災地域の再開発を進め、私領（国衙への一定の負担を負うことで領有を認められた所領）を形成したのである。そして、院・摂関家といった権門（国家権力に連なる有力な門閥）が、私領主の寄進を募り、本来の私領の規模を大きく超える大荘園を形成していった（以上、峰岸一九八九、鎌倉二〇〇八など）。

武蔵国児玉郡から上野国西部に勢力を広げていた児玉党は、浅間山大噴火の影響をもろ

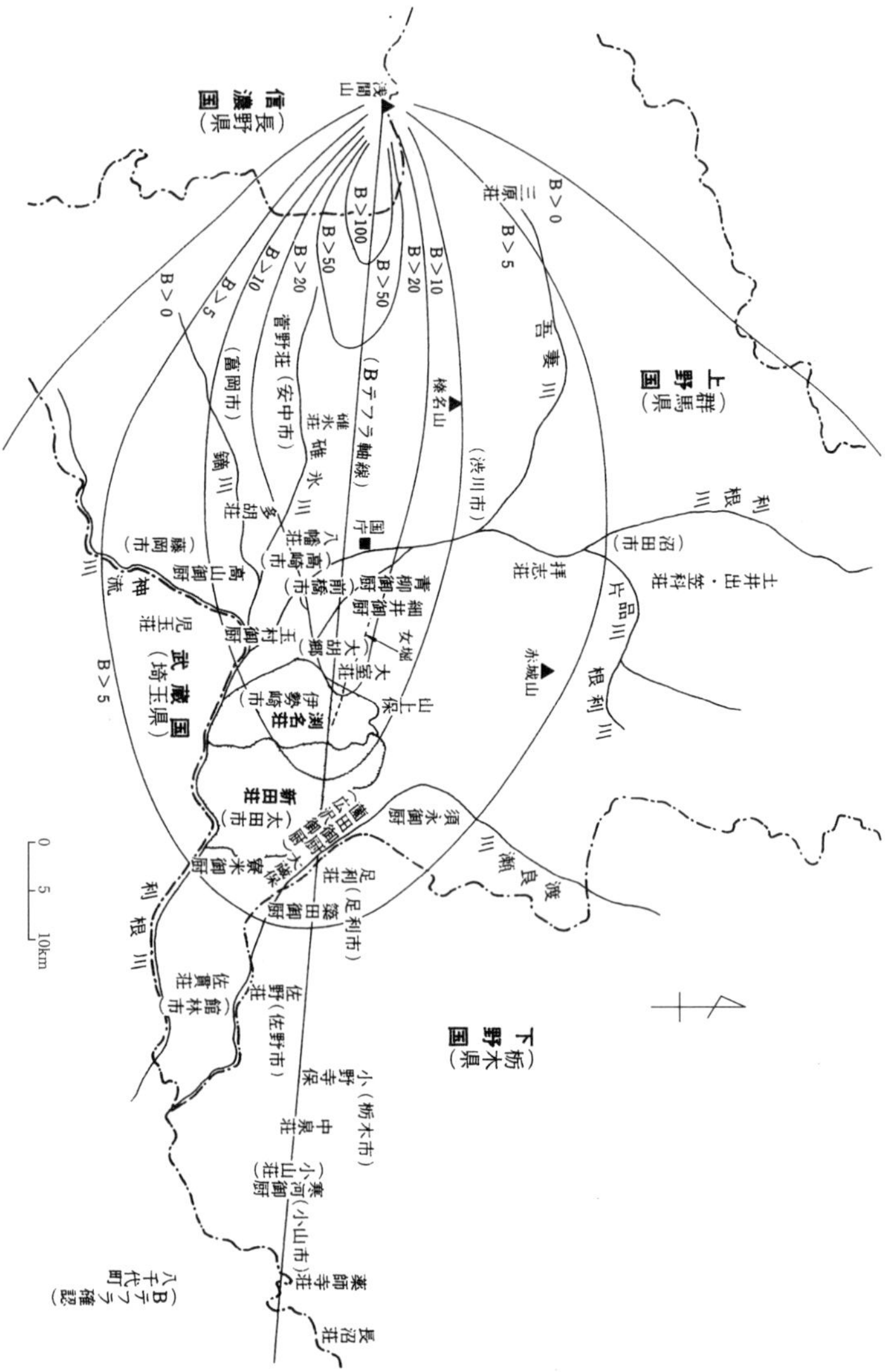

図6　天仁元年浅間山噴火のBテフラ等厚線と荘園（峰岸1990より）

に蒙ったのであり、自らの持つ田地・拠点などの復興は急務であった。児玉党の本拠地は一二世紀後半には児玉荘《こだまのしょう》という荘園となっていたことが確認される。児玉荘は、児玉党が京都との結びつきを活用して、復興過程の本拠地を荘園化したことによって成立した可能性が高い（鎌倉二〇一六）。

そして、秩父重綱は児玉党の再開発事業を支援し、自身も上野国での再開発事業に参加したと考えられる。秩父重綱の三男重遠は「高山三郎」と名乗っている。この名字は、上野国南部の伊勢神宮領荘園である高山《たかやまの》御厨《みくりや》にちなんだものである。

高山御厨は、まず天承元年（一一三一）に成立し、永治二年（一一四二）の宣旨によって国役免除を受けている（『鎌倉遺文』六一四号）。高山御厨の成立時期は、秩父重綱の晩年もしくは高山重遠の活動時期に該当する。したがって、御厨の前身となる私領は秩父重綱・高山重遠によって形成されたと考えるのが自然である。また、高山御厨の成立の根拠として宣旨と「代々国判」のほかに「故左馬頭（源義朝）家御起請寄文」があげられており（『鎌倉遺文』八〇九号）、同御厨の成立期には源義朝（当初はその父為義か）の領主権が設定されていたと考えられている（峰岸一九九〇）。すなわち、秩父重綱・高山重遠は、伊勢神宮による荘園形成の動きに対応して、上野国に形成した私領を寄進するにあたり、河内源氏嫡流を仲介者としたことになる。このことから、秩父重綱の時代にも、秩父平氏嫡流と河内源氏嫡流との主従関係が継続していたことがうかがえる。

以上の流れをふまえると、C、秩父重綱の子息・養子・孫が、武蔵国・上野国の荘園・公領の名字を名乗っている事実についても素直に理解できる。すなわち、荘園公領制の形成に直結する再開発事業に秩父重綱や児玉党などの勢力が従事した結果、重綱の子息・養子・孫が荘園・公領を名字の地（本領）とするようになったと考えられるのである。秩父重綱やその子息らによる武蔵北部・上野南部の再開発・私領形成は、彼らが在地領主化する起点となったといえるであろう。

東国における荘園公領制の形成においては、①気候の温暖化にともなう平野部の高燥化、②一一世紀前半の平忠常《たいらのただつね》（良文の孫）の乱《らん》にともなう坂東（とくに房総）の「亡弊」状況、③浅間山の大噴火が直接あるいは間接の前提となった（鈴木哲雄二〇一二）。これまで述べたとおり、中世社会の骨格となる荘園・公領は、武蔵国北部については浅間山大噴火からの復興事業をきっかけに形成されたと考えられる。そして、同時期に、同国の他地域でも公領（郡・郷）の確定、荘園の形成が進んでいったと考えられる。

なお、田代脩氏が検出した武蔵国の中世所領を概観すると、同国では郷（公領〈国衙領〉）が多く、荘園が比較的少ない（田代一九九〇）。そして、天皇家・摂関家・大寺社といった中央権門の荘園形成に関与したとみられる武士団は、秩父平氏（河越《かわごえ》荘・榛谷《はんがや》御厨・豊島荘・河崎荘など）・児玉党（児玉荘）・横山党嫡流（横山荘）・秀郷流藤原氏（大田荘・大河戸御厨）・長井斎藤氏（長井荘）など、武蔵国内では一族を広く各地に分出し、さらには隣国にも勢力を及ぼした武士団に限定されていた（鎌倉二〇一〇）。

このような武蔵国の荘園・公領の配置は、同国の武士社会のあり方と密接に関わっていた。すなわち、中央権門と結びつきを持ち、自らの私領を荘園化できる大武士団（秩父平氏・横山党嫡流・秀郷流藤原氏・児玉党）や軍事貴族出身者（長井斎藤氏）が同国の武士社会で高い位置を占めていた。そして、猪俣党・丹党・村山党・私市《きさい》党・西党・野与《のよ》党・都筑党などの党的武士団（中小武士連合）や、彼らと関係を持って所領を獲得した津戸氏や熊谷氏が、国内の郷村を所領として割拠していた。さらに中央官人・京武者・京都と深い関わりを持つ東国武士なども、一二世紀中葉から後半にかけて、武蔵国に下向して勢力を扶植した。比企氏・紀氏（大井氏など）・足立氏などが、このようなタイプの武士であった（高橋一樹二〇一三、野口二〇一五、菊池紳一二〇一七A・Cなど）。

武蔵国は東山道と東海道を結ぶ広大な要地であったため、一〇世紀から多くの軍事貴族が拠点を求めて入り込んでいた。そのなかで武蔵国に定着した秩父平氏は、国内の中小武士に対する優位性を確保していたが、彼らを主従制的に編成して一国規模の武士団を形成したわけではなく、多様な武士が国内に割拠しえたのである（野口一九九八など）。

秩父平氏嫡流が武蔵国の武士社会で持った優位性は、①平良文の子孫という軍事貴族出身者の家格、②自己を上位者とした武蔵国北西部の武士団との連携、それと結びついた秩父牧別当などの権益、③国衙有力在庁職の確保という三つにおおむね整理できる。ここでは、これらの三つの優位性のうち、国衙有力在庁職について述べておきたい。

秩父重綱と武蔵国衙在庁職

さきにふれたように、「入来院家所蔵平氏系図」によると、秩父重綱の祖父武基・父武綱は「武蔵国押領使《おうりようし》」の地位についていた。この記述が事実であれば、秩父平氏嫡流は、一一世紀前半には国押領使という国衙軍制の指揮官（下向井一九八六・一九九五）の役割を担っていたことになる。ただ、この記述が朝廷の官符で国押領使に補任《ぶにん》されたことを示したものか、実際には有力在庁官人であったことを表現したものか、にわかに判断はできない。

秩父平氏が国衙在庁職を継続的に確保したことが明確になるのは、やはり秩父重綱の時代からである。すなわち、さきに示した変化のEである。

秩父重綱が活動した時代は、受領と国衙の関係に大きな変化が起こった時代でもあった。一一世紀を通じて受領が国務を担ったまま在京する事態が進行し、一二世紀前半には受領の在京化は常態化するようになった。それにともなって、国衙在庁組織は受領の指揮を受けつつも、自律的に国衙行政を執り行い、国衙に集積された利権が国衙在庁に再配分される体制が形成されていったことが明らかにされている（佐藤泰弘二〇〇四、小原二〇一一）。地域的なバラエティは当然想定しなければならないが、総じて、各国の国衙在庁組織が受領との政治的なつながりを維持しつつ自律的な行政体制を整えていったのが一一世紀後半から一二世紀前半の状況であったといえよう。

このような時期に秩父重綱は武蔵国衙の有力在庁職を保持し、それが彼の後継者たちに引き継がれていくことになる。

秩父平氏嫡流が保持した武蔵国衙の有力在庁職については、近年、研究が急速に進展している。正直、込み入った話になるが、本書では避けて通れない問題であるので、お付き合いいただきたい。

秩父重綱以来、秩父平氏嫡流の「家督」は「武蔵国《むさしのくに》留守《るす》所《どころ》惣検校職《そうけんぎょうしき》」という国衙在庁職を相承してきた、というのが二〇〇〇年代までの通説的理解であった。

史料上、「武蔵国留守所惣検校職」が初めて登場するのは『吾妻鏡』嘉禄二年（一二二六）四月一〇日条であり、「河越三郎重員、武蔵国留守所惣検校職にこれを補さる。これ、先祖秩父出羽権守（重綱）以来代々補し来たると云々（河越三郎重員が武蔵国留守所惣検校職に補任された。これは、先祖秩父出羽権守（重綱）以来、代々補任されてきたということである）」と記されている。河越重員《しげかず》は秩父重綱の玄孫《やしやご》にあたり、秩父平氏嫡流に属する河越氏の有力者である。「武蔵国留守所惣検校職」には四ヶ条の職掌が付随していたが、重員はこれを執行できず、先例に従ってそれらを自身が執行できるよう、当時の鎌倉幕府指導者である北条泰《ほうじょうやす》時《とき》に訴えている（『鏡』寛喜三年四月二日条）。これを受けて、北条泰時は先例を武蔵国留守所に尋ね下したところ「秩父権守重綱の時より畠山二郎重忠に至り奉行し来たるの条、重員の申状に符合す〈秩父権守重綱の時から畠山二郎重忠に至るまで〈四ヶ条の職掌を〉奉行してきたこと、〈河越三郎〉重員の申状と合致します〉」という在庁日奉《ひまつり》実直・同弘持（以上、西党）・物部宗光らの勘状《かんじょう》と留守所代の副状《そえじょう》が届き、重員の訴え通りに「武蔵国留守所惣検校職」に付随する「四ヶ条」の執行が認められた（『鏡』寛喜三年四月二〇日条）。そして、河越重員は、子息重資に宛てた譲状《ゆずりじょう》に「武蔵国惣検校職ならびに国検の時の事書《ことがき》等国中《くにじゅう》の文書加判《もんじょかはん》、および机催促加判等の事」を記載し、これが幕府によって安堵されている（『鏡』貞永元年一二月二三日条）。

このような行政的職務をふくむ「武蔵国留守所惣検校職」は、治承《じしょう》・寿永《じゅえい》内乱期の「秩父家」の「家督を相継」いでいた河越重頼《かわごえしげより》が「当国党々」を軍事指揮する立場にあったことから（『鏡』治承四年八月二六日条）、秩父平氏嫡流の「家督」と不可分の職権と考えられてきた。

私の知る限り、このような考え方に最初に疑義を呈したのは、落合義明氏である。落合氏は、重綱の時代には正式な名称・役職としての「武蔵国留守所惣検校職」は確立しておらず、秩父平氏が国衙支配を確立する過程で、その立場に即した名称ができあがっていったと指摘した（落合二〇〇五）。

さらに踏み込んで、一二世紀段階における「武蔵国留守所惣検校職」の実在に疑義を呈したのが菊池紳一氏である。菊池氏は、「武蔵国留守所惣検校職」に関わる史料がすべて『吾妻鏡』であることに着目した。そして、「武蔵国留守所惣検校職」は、武蔵国の支配を確立した北条泰時の時期に設置された国衙の職であり、それが北条氏に従属していた河越重員に与えられたこと、かつ河越氏が秩父一族の嫡流であることを示すために「武蔵国留守所惣検校職」と秩父氏の「家督」・河越氏を結びつける潤色が『吾妻鏡』の編纂過程で行われたことを指摘したのである（菊池紳一二〇一〇）。

この菊池氏の所説に対して、木村茂光氏は、なぜ「武蔵国留守所惣検校職」に関わる『吾妻鏡』の記事が「秩父権守重綱の時」を起点としたのか？　なぜ河越氏でなく畠山重忠を先例としたのか？　国衙在庁職のなかからなぜ「惣検校職」が選択されたのか？　という疑問を提示し、『吾妻鏡』に記載された同職の職務内容を再検討する必要性は認めながらも、「武蔵国留守所惣検校職」は実在し、その初代が秩父重綱であったことを主張した（木村二〇一三）。

このような研究の進展をふまえ、秩父重綱が保持していた国衙在庁職について、新たな解釈を提示したのが、山野龍太郎氏である。山野氏は、『法然上人伝記《ほうねんしょうにんでんき》』巻第三上「津戸消息事」に「武蔵国の惣追捕使」である秩父権守重綱が娘の生んだ津戸為広を養育し、その三男が法然上人の弟子津戸三郎為守であったとする記述に着目した。そして、津戸氏が秩父重綱・重弘（重綱長男）の系統である畠山氏に従属していたことから、『法然上人伝記』の記事内容が信頼できることを指摘した。さらに、秩父重綱から畠山重忠に至るまで武蔵国惣追捕使職が相伝《そうでん》されたこと、重忠の滅亡などを通じて秩父平氏嫡流の勢力が武蔵国衙から除かれたことで惣追捕使職が廃絶したこと、鎌倉中期に惣追捕使職の先例を意識しつつ設置された「武蔵国留守所惣検校職」が河越氏に与えられ、この職を秩父重綱に結びつける解釈が生み出されたことを主張した（山野二〇一七A）。

現在、秩父平氏嫡流と「武蔵国留守所惣検校職」の関係については、右の諸説が並立し、通説が存在しない状況といってよい。そのなかで、私は、山野氏の所説がもっとも妥当であると考えている。すなわち、秩父重綱は武蔵国の治安維持を主に担当する惣追捕使職に就任し、この職権が秩父平氏嫡流代々に継承されていったと考えられる。惣追捕使の職権に「国中の文書加判」や「机催促加判等」などの行政的職務が加わったか否か、行政的職務が加わったとすればどのような過程を経たのか、という問題は、今後、考えていくべきことであろう。

秩父重綱と秩父平氏嫡流

つぎに、変化のF、すなわち秩父平氏一族に対する重綱の影響力、そして重綱の子孫たちについてふれておきたい。重綱の子息・養子は秩父行高を除いて「重」を実名に用いている。すなわち、重綱の実子である重弘（畠山流）・重隆（河越流）・重遠（高山流）・重継（江戸流）の系統は、重隆の子息を除き、みな「重」字を共有している。以後、重綱の実子の系統は「重」字を使用している（菊池紳一二〇一二）。すなわち、重綱は、秩父平氏嫡流諸流の共通の始祖と認識されている。

また、重綱の弟である渋谷《しぶや》（小机《こづくえ》）基家《もといえ》の系統も、重綱の影響下にあったと考えられる。「中条家文書」所収「桓武平氏諸流系図」・「入来院家所蔵平氏系図」によると、基家は「渋屋（渋谷）」「小机六郎」、その子息重家は「河崎平三大夫」と注記され、重家の子息には「中山次郎」重真（実）・「渋屋（谷）庄司」重国が見いだされる。相模国に所在する渋谷荘を除き、この系統は武蔵国南部の鶴見川流域（小机・中山）と多摩川河口部（河崎）に展開している（黒沢二〇一二）。渋谷基家もしくはその子息たちは、国衙有力在庁となった重綱の支援を得て拠点・所領を形成したのではないだろうか。実際、基家の子息重家以降、この系統も「重」字を実名に用いている。基家やその子孫たちは、重綱の系統を秩父平氏嫡流とみなす一族意識を持っていたと考えられ、その背景には重綱流との連携を想定できる。

一方、将常の子息の世代で分流した秩父平氏豊島《としま》氏流（豊島氏・葛西氏）には、重綱から影響を受けた確証を見いだせない。ただ、重綱の四男江戸重継の本領である江戸郷は、豊島流の所領である武蔵国豊島郡・下総国葛西御厨に近接している。したがって、重継は秩父平氏豊島流の支援を受けて本領形成を実現した可能性が高い。実際、江戸重継の嫡男重長と葛西清重の間には、強い結びつきがあったのである（今野一九九六B）。

すなわち、秩父平氏嫡流と秩父平氏豊島氏流の間には一族意識はあり、それに基づく相互扶助はあったが、一方、重綱の系統に対する豊島流の自立性も顕著であったといえる。

秩父重綱と関東の有力武士

秩父重綱の活動時期、秩父平氏嫡流は、武蔵国内外の有力武士との婚姻関係を展開するようになる。すなわち、冒頭にあげた変化のGである。

秩父重綱の息女の一人は、秀郷流藤原氏の有力者である大田《おおた》行光《ゆきみつ》に嫁ぎ、大田行広《ゆきひろ》と大河戸《おおかわど》行方《ゆきかた》という二人の子息を得ている。大田行広と大河戸行方の母については、重綱の長男重弘の息女とする考え方も提示されている。この考え方を採用した場合にも、後述するように重弘は重綱より早く死去したと考えられるので、大田氏との婚姻は、重綱の影響下で実現したとみなしてよいだろう。

さらに、重綱の長子重弘は大田行光の姉妹（大田行政の息女）を妻とし、畠山《はたけやま》重能《しげよし》・小《お》

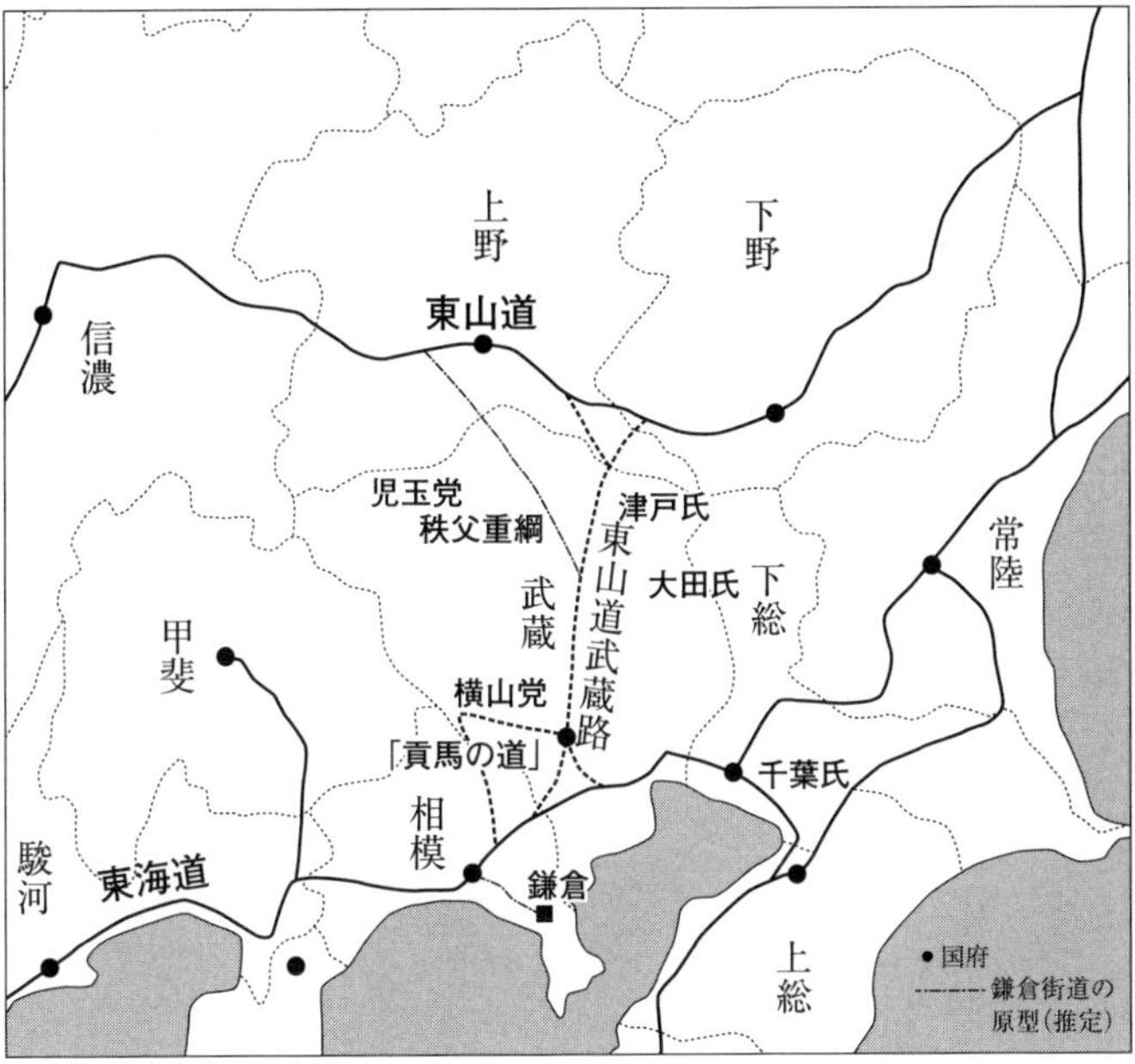

図７　秩父重綱期の秩父平氏嫡流と婚姻関係を結んだ武士
（高橋修2014をもとに作成）

山田《やまだ》有重《ありしげ》という子息を得たとみられる（「指宿文書」所収「平姓指宿氏系図」）。

　大田行政・大田行光は「下野大介」とも呼ばれ、下野国の有力在庁であったとみられる。大田氏は、天皇家領武蔵国大田荘を本領とし、伊勢神宮領荘園の大河戸御厨の成立に関与したと考えられる。そして、大田氏を主流とする秀郷流藤原氏の系統は、下野国国府近傍・下総国下河辺荘・常陸国関郡・武蔵国大田荘・同国大河戸御厨、すなわち渡良瀬川—大井川、利根川水系といった関東平野の大河川沿いに権益を拡大していった（岡田二〇〇九）。

また、大田行光の叔父快実《かいじつ》は「慈光別当」・「武州慈光山別当」とされている。この「武州慈光山」は比企郡の慈光寺と考えられ、大田氏は、武蔵国において同国の東北部にとどまらない活動を展開していた。秩父重綱が武蔵国北西部に進出する過程で、大田氏との連携もまた必要であった可能性が高い。

また、重綱の長男重弘の息女は、下総国有力在庁であり、鎌倉幕府創業に貢献したことで著名な千葉介常胤《つねたね》に嫁いでいる。千葉介常胤は元永元年（一一一八）生まれであり、重弘息女との間に生まれた胤正は保延七年（一一四一）生まれであったとされる（「千葉大系図」）。千葉常胤と重弘息女の婚姻を決めたのは、それぞれの父である千葉介常重と秩父重綱であろう。

以上のように、秩父重綱は、関東の有力在庁と婚姻関係を形成していた。国の枠を超えて各国の有力在庁が形成する「関東国衙ネットワーク」（高橋秀樹二〇一一）の原型は、秩父重綱が活動していた一二世紀前半にはすでに出現していたのである。

秩父重綱と京都政界

秩父重綱は「秩父権守《ごんのかみ》」と称されていた。「権守」という呼称から、有力在庁の地位や国衙に影響力を与えるような有力武士の称号を読み取ることも可能かもしれない。しかし、秩父重綱が帯びた「権守」は、おそらく朝廷の県召除目《あがためしのじもく》（地方官を任じる除目）によって得た官職である。重綱は『吾妻鏡』では「秩父出羽権守」、「中条家文書」所収「桓武平氏諸流系図」では「下野権守」とされている。重綱の得た「出羽権守」・「下野権守」の称号は、成功《じょうごう》（売官）によるものであったと考えられる（今野一九九八）。

このことは、秩父重綱が京都政界に何らかのつながりを持っていたことを示している。ここで注目したいのが、東国武士で滝口（天皇の護衛役）を勤める「譜第」・「経歴」の家柄として「小山・千葉・三浦・秩父・伊東・宇佐美・後藤・葛西以下の家々十三流」（『鏡』承元四年〈一二一〇〉五月一一日条）、「小山・下河辺・千葉・秩父・三浦・鎌倉・宇都宮・氏家・伊東・波多野」（『鏡』寛喜二年〈一二二九〉閏正月二六日条）があげられていることである。

これらの家の多くは東国の軍事貴族出身の各国国衙有力在庁である。そして、一二二〇年代にはすでに各家に分立していた「秩父」・「鎌倉」がふくまれていることから、これらの氏族が滝口を勤めるようになったのは一一世紀末から一二世紀初頭であったと考えられる（岡田一九七七）。野口実氏は、これらの記事に登場する「秩父」を畠山氏・河越氏などの秩父平氏嫡流とみなしている（野口二〇〇七）。この見解は、『吾妻鏡』の記事で「秩父」と「葛西」が分けられていることからみて妥当であろう。

すなわち、「関東国衙ネットワーク」を形成する有力な武士は、子弟を京都に出仕させ滝口を勤めさせる京都での同僚関係、すなわち「『一所傍輩』のネットワーク」（野口二〇〇七）をもつくっていたとみられる。そして、関東と京都双方で国衙有力在庁クラスの武士が交流しえる状況が形成されたのは、まさしく秩父重綱の活動時期に該当する。したがって、秩父重綱が「出羽権守」・「下野権守」の官職を入手できた背景には、当時の国衙有力在庁クラスの武士が持つ京都政界とのつながりがあった可能性が高い。

このような京都政界とのつながりを介して、秩父平氏嫡流は荘園制・荘園公領制の形成に関わり、在地領主化していったと考えられる。

畠山重能・重忠父子のサバイバル

畠山氏の成立と大蔵合戦

秩父重綱の長男重弘の立場

これまで述べてきたように、秩父重綱《ちちぶしげつな》は、秩父平氏《ちちぶへいし》の歴史に画期をつくるとともに、東国の中世開幕に大きく関わった人物であった。そして、重綱の地位を継承したのは、次男の秩父重隆《しげたか》（河越流の始祖）であった。重綱の男子のなかで武士として活動したのは、長男の秩父重弘《しげひろ》（秩父太郎大夫）、次男の秩父重隆（秩父次郎大夫）、三男の高山重遠（高山三郎）、四男の江戸重継《えどしげつぐ》（江戸四郎）である。重綱の子息たちのなかで、「秩父〇〇大夫」という通称を持つ重弘と重隆が卓越した地位にあったことは確かである。重綱の実子であり、「秩父」を名乗っていることから、重弘・重隆は秩父平氏嫡流の族長クラスの待遇を受けていたと考えられる。そして「大夫」という通称から、この二人が五位の位階を有していた可能性も考えられる。しかし、重弘は、重綱の長男でありながら、秩父平氏嫡流の族長を継承できなかった。

一二世紀初頭には内記太郎（相模国目代・源《みなもとのためよし》為義家人）を横山党《よこやまとう》が殺害したため、彼らの追討を命じる宣旨《せんじ》が常陸・相模・上野・下総・上総の国司に下され、秩父重綱もその鎮圧に動員された形跡がある（『群書類従《ぐんしょるいじゅう》』巻一六六「小野系図」、野口一九八二、落合二〇一〇など）。重弘の母は横山経兼の娘であり、妻は経兼の嫡男である横山隆兼の娘である。重弘が重綱の後継者となれなかった背景として、横山党が朝廷から追討対象とされたため、廃嫡されたという事情を考えることができる。しかし、横山党の反乱後、重弘の娘は千葉《ちば》常胤《つねたね》の妻に迎えられている。横山党の反乱によって秩父平氏内部における重弘の立場が悪くなったならば、下総《しもうさ》国の国衙《こくが》有力在庁である千葉常胤が重弘の息女を妻に迎えていることは不自然に思える。また、秩父（平児玉）行重の嫡子秩父武者行弘の「弘」字は、重弘から偏諱《へんき》（実名の一字）を授与されたものと考えられる。また、埼玉郡の武士で、秩父重綱の娘を母とする津戸為広の「広」字も、重弘からの偏諱授与と考えられる（山野二〇一七A）。

このような武蔵国内外の武士との関係をふまえると、秩父重弘は、横山党の反乱後も地位を低下させず、重綱を頂点とする秩父平氏嫡流の一角を担っていたと考えられる。

結局、重弘が秩父平氏嫡流の族長になれなかった理由を確定することは難しいわけだが、父重綱よりも先に死去したと考えれば、一応の説明はつく（菊池紳一二〇一七Bなど）。史料上、重綱死後の秩父平氏嫡流の面々に、重弘の姿は見いだせない。重弘が壮年で死去したため、残った重綱の子息のなかで年齢・序列ともに最も高い重隆が重綱の地位を継承したと考えておきたい。

畠山氏の成立

重弘が基盤としていたのは男衾郡域であったと考えられる。重弘の長男重能《しげよし》は男衾郡畠山を名字の地としていた。おそらく重能は重綱・重弘の基盤を継承したのであり、重弘の死去（?）、重能による「畠山《はたけやま》」の継承という流れを経て、畠山氏が成立したと考えられる。

さて、この「畠山」については、従来、「畠山庄」という荘園であったと考えられてきた。その理由は畠山重能の通称が「畠山庄司重能」であったためである。しかし、五味文彦氏は相模国三崎荘の現地支配者である三浦義継《よしつぐ》が「三浦庄司吉次《よしつぐ》」と名乗っていた事例などから、「庄司」という通称が荘園管理に関わる国衙の職であることを指摘した（五味二〇〇〇）。五味氏の指摘は、「庄司」に対応する名字が荘園名とは限らないことを示した点で重要である。そして、この指摘は「畠山庄司重能」の本領を考える上でも大きな手がかりを与えてくれる。

畠山重能の通称「畠山庄司重能」については、荘園の立荘・現地管理に関わったことが由来していたが、その荘園は「畠山」ではない、と私は考えている。「畠山」が荘園であったことを示す史料は見いだせないからである。

「畠山」の故地《こち》である埼玉県深谷市では、寛正四年（一四六三）二月吉日付の「武劦男衾郡畠山釜山鰐口」という銘文を持つ鰐口《わにぐち》が確認されている。武蔵国中部・北部（埼玉県域）に残された彫刻の銘文、金工品の銘文、木工品その他の銘文、石造物の銘文、典籍の奥書を検索すると、例外はあるが、荘園は「国─荘園」という序列、公領は「国─郡─郷」という序列が、基本的な記載方式になっている。畠山重忠の側近である本田近常《ほんだちかつね》の名字の地、本田郷は畠山に隣接している。この本田郷については、寺院の梵鐘や鰐口で「大日本国武蔵国男衾郡本田教念寺」・「武蔵国本田郷」という銘文を確認できる（清水亮二〇一〇）。このような例をふまえると、「畠山」は男衾郡に属する公領の郷であったと考えるのが妥当であろう。

そして、畠山の東隣には、古代男衾郡の大領壬生《みぶ》氏が居住していた榎津《えなつ》郷（熊谷市・深谷市）があったと考えられている。榎津郷域には、郡司の邸跡とみられる遺跡、寺院跡、式内社出雲乃伊波比《いずものいわい》社があり、古代男衾《おぶすま》郡の中心的な地域であった。落合義明氏は、このような地域的特徴を考えて、重能（あるいは重弘）が畠山に進出したことを想定している（落合二〇一〇・二〇一二）。私は、落合氏の主張に大筋で賛成したい。畠山重能（ある

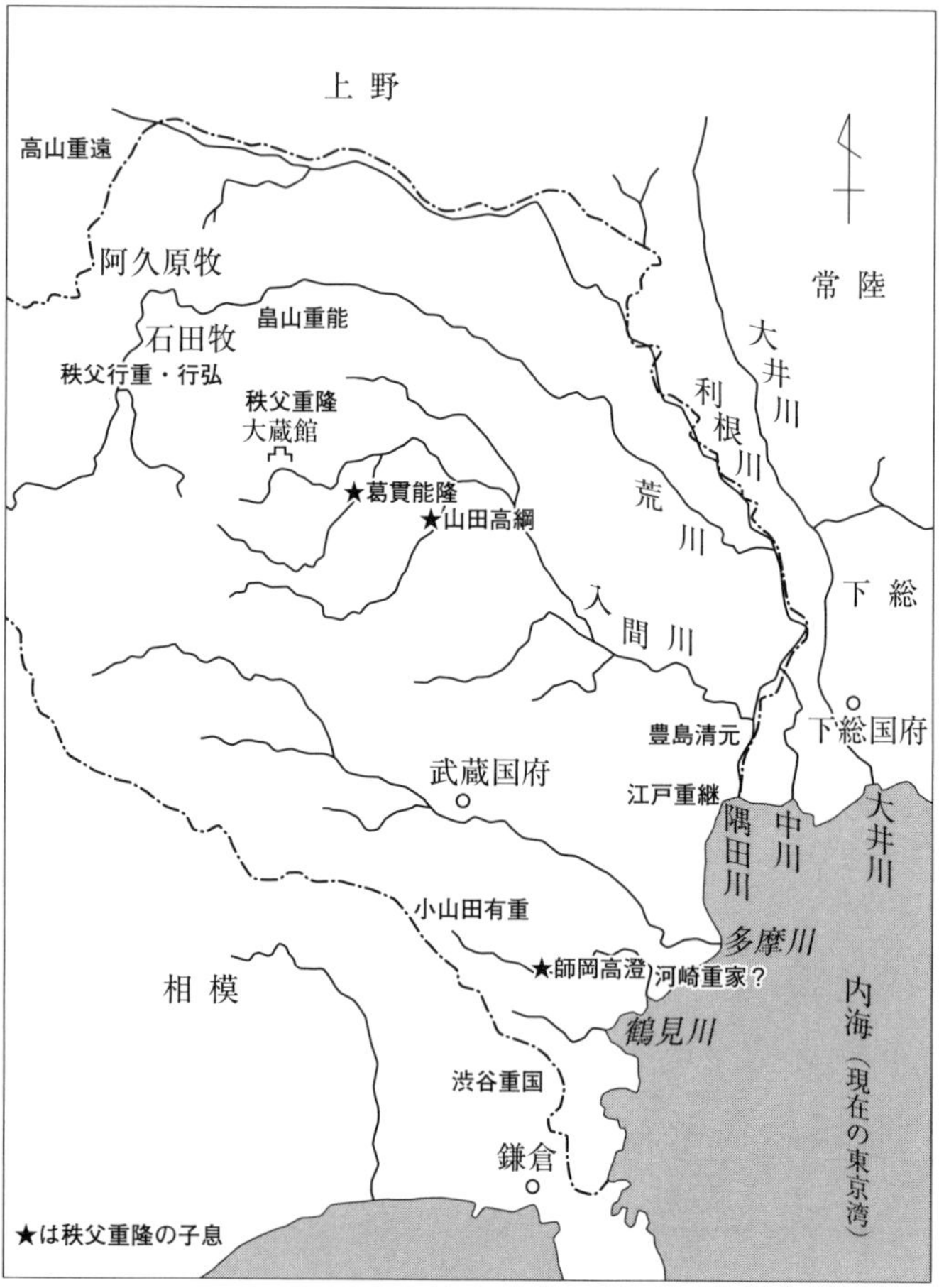

図８　秩父重隆の子息と秩父平氏の分布
（野口2007をもとに作成）

いは重弘）より前の一一世紀段階で、猪俣党男衾氏・秩父重綱が同地を拠点とした可能性も考慮できる。だとしても、古代郡司の遺産を継承し、名字の地としたところに畠山重能（あるいは重弘）の戦略を読み取ることが十分に可能だからである。

また、重弘の次男小山田有重《おやまだありしげ》は、多摩郡小山田保を本領としていた。有重が小山田保（東京都町田市・神奈川県川崎市麻生区・相模原市・大和市周辺）を所領として確立した背景には、国司権力の支援が想定されている（菊池紳一二〇一二）。小山田有重の通称「小山田別当有重」については、小山田保がもとは牧であったことに由来するとする説と、国衙の所の別当に由来するという説が並立している。いずれの可能性もありえるので、現状では判断を保留しておこう。

秩父重隆と子息たち

では、秩父重綱の地位を継承した重隆は、どのような構想をもっていたのであろうか。

秩父重綱から畠山重忠に至る秩父平氏嫡流の本拠は、男衾郡平沢寺《へいたくじ》・菅谷《すがや》から比企《ひき》郡大蔵に至る広域的な空間を持っていたと考えられる（落合二〇一〇、植木二〇一二、村上二〇一三）。このなかで、重隆が源義賢《よしかた》を「養君《やしないぎみ》」として招き、本拠としたのが都幾川の南岸に位置する大蔵館である。

源義賢は、下野《しもつけ》守になった兄義朝《よしとも》に対抗して、河内源氏《かわちげんじ》が北関東に有していた権益を復活・維持するために、児玉党《こだまとう》のネットワークを介して上野国《こうずけ》・武蔵国に入ってきた。重隆は、義賢を擁することによって南関東に勢力を伸ばすことを構想したとみられる（以上、木村二〇一三・二〇一六）。

さらに、重隆は武蔵国衙を政治的な基盤として、武蔵国内に所領を形成したと考えられる。まず、比企郡に隣接する入間郡《いるま》に進出し、私領を形成していた形跡がある。重隆の長男「葛貫別当能隆」は、入間郡葛貫を本領としていた。葛貫は戦国時代には「河越庄《かわごえのしょう》」の中と認識されていた。河越荘は、一一六〇年代に葛貫能隆《よしたか》もしくはその子息である河越重頼が後白河院・平清盛と結んで形成した新日吉《いまひえ》社領荘園である。一二世紀段階の葛貫が河越荘に属していたとはいいきれないが、重隆の子息たち（河越流）が入間郡に進出する一環として、能隆は葛貫に入り、名字の地としたのであろう。

なお、能隆の名乗り「能」は畠山重能と共通しており、おそらく重能からの偏諱授与と考えられる。このことは大蔵合戦《おおくらかっせん》の経緯を考える上で重要であるから、念頭に置いていただきたい。

また、次男の高綱は、薩摩平氏指宿《いぶすき》氏の家系図「平姓指宿氏系図」で「山田次郎」と注記されている。「山田」とは、『倭名類聚抄《わみょうるいじゅしょう》』で入間郡内の山田郷としてみえる地であり、のちに河越荘に属している。

さらに五男の高澄の通称は「師岡五郎」であり（「指宿文書」所収「平姓指宿氏系図」）、江戸湾西岸の久良岐郡に属する師岡保《もろおか》（神奈川県横浜市港南区・鶴見区・神奈川区・保土ヶ谷区周辺）もしくはその前身となる私領を基盤としていたと考えられる。「平姓指宿氏系図」の記載の下限は近代初期まで下るが、中世の系図から書き継がれたものであり、その内容は信頼できることが指摘されている。

なお、師岡保と同じ鶴見川流域で、同保の西に西ノ谷《にしのやと》遺跡（横浜市都筑区）がある。この遺跡は、鎧《よろい》の小札や鏃《やじり》などの鉄製武器・武具の鍛冶工房遺跡であり、一〇世紀から一二世紀に営まれ、とくに一一世紀初頭から一二世紀前半くらいの時期が遺跡の中心年代とされる。この工房と関わりを持った武士団については、秩父平氏・摂津源氏・綴《つづき》氏（都筑氏）などが想定されている（坂本一九九八、野口一九九八、落合二〇〇五、関二〇一三）。秩父平氏の場合、榛谷御厨《はんがやのみくりや》・師岡保が近接する拠点となる。

榛谷御厨は保安三年（一一二二）に伊勢神宮領として成立し（『鎌倉遺文』六一四号）、小山田有重の子息で畠山重忠の従兄弟にあたる榛谷重朝の所領であったと考えられる。同御厨の現地支配者が、保安三年の成立以降、秩父平氏嫡流に継承され続けていたならば、榛谷御厨成立を現地で主導したのは秩父重綱であり、その権益が秩父重弘・小山田有重を経て榛谷重朝《しげとも》に継承されたと考えられる。

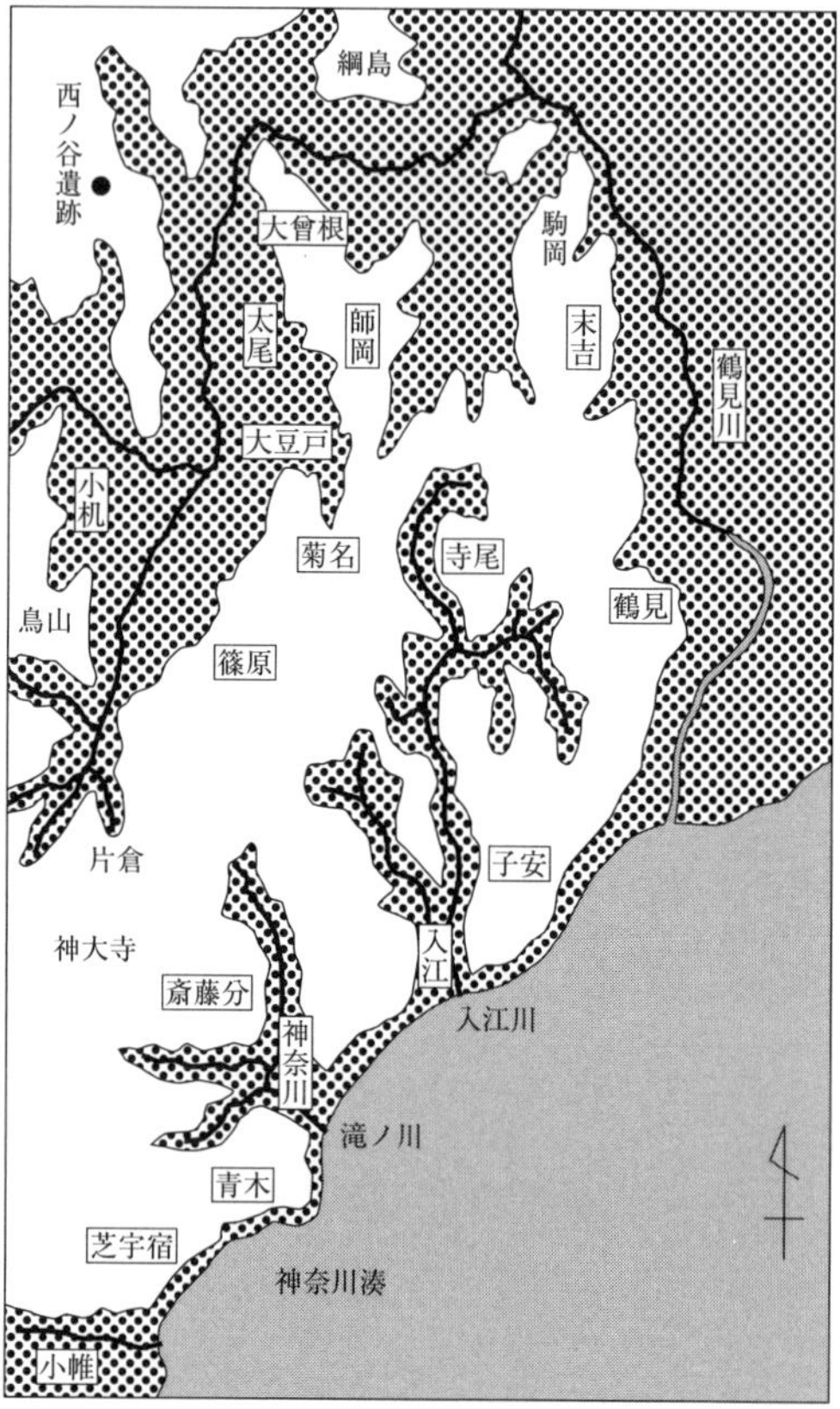

図9　師岡周辺図（落合2010より）

師岡保の場合は、秩父重隆・師岡高澄父子によって私領形成が進められたと考えられる。師岡保の史料上の初見は寿永二年（一一八三）であり（『平安遺文』四〇七三号）、それ以前の状況は明確でない。だが、秩父重隆の子息である高澄が「師岡」を名乗っていることから、彼らが活動していた一二世紀半ばの段階で師岡保が成立していた可能性はある。

また、綴氏（都筑氏）は、綴党と呼ばれる中小武士団を形成しており、治承四年（一一八〇）八月の時点では畠山重忠の郎等《ろうどう》であったことが判明する（『延慶本《えんぎょうぼん》平家物語』・『源平《げんぺい》盛衰記《じょうすいき》』）。

以上のように、一二世紀段階で、秩父平氏嫡流は西ノ谷遺跡にアクセスする手段を持っていた。すなわち、秩父重隆（および秩父重弘とその子孫）は、西ノ谷遺跡に近接する自身の所領や、のちに畠山流の郎等となった綴氏（都筑氏）などを介して西ノ谷遺跡にアクセスし、武具の入手を図っていたと考えられる。

このように、重隆は、本拠大蔵館《おおくらやかた》がある比企郡に隣接した入間郡、本拠から遠く離れた久良岐郡師岡に子息たちを配置し、私領を形成していたと考えられる。武蔵国惣追捕使《そうついぶし》の地位を重綱から継承した重隆は、国衙・受領《ずりょう》の支持をとりつけて、武蔵国内各地に私領を形成していったのであろう。

秩父平氏嫡流内部の対立と河内源氏内部の対立

これまでみてきたように、重綱に始まる秩父平氏嫡流は、武蔵国各地・上野国南部に所領を形成していった。そして、彼らのなかで最も大きく所領を展開させたのは、重綱の子息のなかでも卓越した格を持っていた重弘流（畠山流）と重隆流（河越流）であった。そして、重弘の子息畠山重能・小山田有重兄弟をさしおく形で、重綱の次男重隆が秩父平氏嫡流の族長を継承した。このことが、畠山流、とくに畠山重能と秩父重隆の関係を悪化させることになる。重能の父重弘は、もともと重隆とならぶ高い格を持っており、重能は秩父平氏嫡流の族長の地位を奪われた格好になったからである。

しかし、重能と重隆の関係が対立一辺倒であったとも一概にはいえない。重隆の長男である能隆（河越重頼の父）は、重能の実名の一字「能」を名乗りにもっている。このことから、重能は能隆の烏帽子親になっていた可能性が考えられる。秩父重隆と畠山重能の関係が良好だったとはいえないが、だからこそ、重隆は、子息能隆の烏帽子親に重能を迎えることで、秩父平氏嫡流内部の融和を図ったのではないだろうか。

しかし、重隆と重能の「和平」は長続きしなかった。秩父平氏嫡流の族長の地位をめぐる重隆・重能の対立に、河内源氏嫡流内部の主導権争いが結びついてしまったからである。

このことを考える前提として、野口実・元木泰雄両氏の成果に学び、河内源氏嫡流の動向を略述しよう（野口二〇一二、元木二〇一一）。

源義家の死後、京都における河内源氏嫡流の力は低落の一途をたどった。義家の嫡子義親が濫行を重ねて追討対象とされ、白河院の近臣平正盛（清盛の祖父）に討たれた後、義親の弟義忠が河内源氏嫡流の頂点に立った。しかし、義忠もまた暗殺され、その嫌疑は義家の弟義綱とその子息たちにかけられた。白河院の命令によって、義家の四男（孫とも）

で当時一四歳であった為義が義綱一党を追討し、河内源氏嫡流の族長を継承した。しかし、為義には粗暴な行動がめだったため、白河院は為義を遠ざけるようになった。

勢力の挽回を期した為義は、一一三〇年代の後半頃、白河院に疎外されていた摂関家の家長藤原忠実《ふじわらのただざね》に仕えるようになった。この頃、白河院近臣の娘を母に持つ義朝は廃嫡され、関東に下された。義朝は、摂関家領の荘官である上総《かずさ》氏・三浦氏・波多野氏らに支えられて活動を始めた。義朝の関東での活動は、河内源氏の勢力を日本列島各地に拡大しようとする為義の構想のもと、摂関家の家産機構に頼るかたちで始まったが、彼は実力と院・摂関家の権威によって、南関東の武士相互の抗争を調停する存在に成長した。そして、義朝は、摂関家の従者である父や兄弟たちとは異なり、院権力に結びついた。義朝は鳥羽《とば》院《いん》に近侍する機会を得て、仁平三年（一一五三）三月、父の立場を超える下野守《しもつけのかみ》に就任したのである。

義朝が自立し、南関東の武士たちの調停権力となった事態に、為義は対応した。一時期は嫡子とされていた次男の義賢を仁平三年に東国に下し、義朝勢力に対抗させようとしたのである。

こうして、秩父平氏嫡流内部の主導権争いと河内源氏嫡流内部の主導権争いとが、京都と東国で結びつくことになった。

源義賢は、仁平三年の夏頃に上野国多胡《たご》荘に入り、ついで秩父平氏嫡流の族長秩父重隆の「養君」（守りたてる主君）として武蔵国比企郡大蔵館に入った（菊池紳一二〇一二）。義賢が上野国多胡荘に入部する際に活用したのが東山道であり、多胡荘周辺に所領を形成していた児玉党のネットワークであった。河内源氏嫡流が児玉党と結んでいた主従関係が、義賢の上野国入部に際して機能したのである（川合二〇一〇A、木村二〇一三）。

大蔵合戦前夜の構図

義朝が在京して鳥羽院やその后美福門院との関係を強めていくなかで、南関東の経営を任されていたのは長男の悪源太義平であった。義賢の下向《げこう》は義平や彼を支持する武士たちを刺激した。こうして、大蔵合戦につながる勢力図が形成されていった。

すなわち、京都では、河内源氏嫡流のなかで自立した源義朝と、河内源氏嫡流の主流である為義親子の対立関係が形成された。当時在京していた源義重《よししげ》（新田《にった》氏の始祖）も義朝支持に回った可能性が高い。時期は明確でないが、義重の息女は義平《よしひら》の妻となっている（田中大喜二〇一五B）。このような対立構図は、摂関家の藤原忠実・頼長《よりなが》父子と藤原忠通《ただみち》（そして彼と結んだ藤原信頼《のぶより》）との対立とも結びついていた（落合二〇〇五など）。

武蔵国では、秩父重隆と対立関係にあった畠山重能が義平を支持した。義平の養育者「乳母御前」の兄弟である秩父行重やその子行弘も重能と同様の立場をとったと考えられる。秩父行重・行弘と同族である児玉党小代《しょうだい》氏は、確実に義平に属していた。また、武蔵国中部の北端にあたる幡羅《はら》郡に長井荘を成立させたとみられる長井斎藤別当実盛《さねもり》も義平方に属した。

そして、葛貫別当能隆《べっとうよしたか》も、父重隆から離れて義平陣営に属したとみられる（峰岸二〇〇八、清水亮二〇一四A）。能隆が義平方に属した背景には、畠山重能との密接な関係に加えて、重隆が義賢を「養君」としたことが影響した可能性がある。重隆の子息である能隆にとって、父重隆と源義賢の連携は、自己の立場を脅かすものと映ったのではないか。

そして、彼ら武蔵の有力武士と源義平の結合を支えたのが、当時の武蔵守藤原信頼であった。信頼は、上野西部と武蔵北部にまたがって形成された義賢・重隆の政治権力を警戒し、義平に協力したのである（木村二〇一三）。

以上のような義平陣営の顔ぶれをみると、義賢・重隆陣営の孤立は明らかである。畠山重能は、義平の保護者であったとみられる三浦義明《みうらよしあき》の婿であり、秩父氏（平児玉氏）や児玉党も義朝に従属していた。一一世紀末から児玉党・秩父平氏が河内源氏嫡流と結んできた主従関係は、義朝による南関東の武士の糾合を経て再生産されたのであり、義賢・重隆の結びつきは、義平陣営に属した武士たちの連帯をかえって強化することになった。

図10　大蔵館跡（大蔵神社．埼玉県比企郡嵐山町）

大蔵合戦勃発

彼ら義平陣営の武士たちの本領分布は、軍事的にも義賢・重隆を孤立させていた。すなわち、畠山重能の本拠男衾郡畠山郷は上野国と比企郡大蔵館の中間に、児玉党小代氏の本拠入間郡小代郷は東山道武蔵道沿いに位置し、義賢・重隆の支持勢力が武蔵国に入り込むのを防ぐ格好になっているのである（菊池紳一二〇一二）。

このような状況をふまえて、久寿二年（一一五五）八月一六日、義平は比企郡大蔵館を襲った。義平は鎌倉を出た後、おそらく武蔵府中に入り、東山道武蔵道を通って小代郷に入ったと考えられる。小代氏は「御屋形」を郷内に造営して義平を迎えた（『肥後古記集覧』所収「宗妙（小代伊重《これしげ》）置文写」）。そして、義平は進路を西に変えて大蔵館を急襲し、叔父義賢と秩父重隆を討ち取った。義賢の遺児駒王丸（のちの義仲）は助け出され、畠山重能から長井齋藤別当実盛を経て、信濃国の中原兼遠《なかはらのかねとお》のもとで養育されることになった（『源平盛衰記《げんぺいじょうすいき》』）。

この大蔵合戦は紛れもない私戦であり、武蔵国惣追捕使の秩父重隆が討ち取られている。しかし、義平もその配下の武士も譴責を受けた形跡がない。従来の研究が指摘するように、源義朝・義平と密接な関係にある武蔵守藤原信頼が、この合戦を問題化させないよう工作したのであろう。

そして、この大蔵合戦によって、義平とともに、最も多くの果実を得た武士が畠山重能であった。

大蔵合戦の勝者たちの動き

大蔵合戦で秩父重隆が戦死した結果、重能は、家格・勢力ともに武蔵国で最有力の武士になったと考えられる。重能は、秩父平氏嫡流の本拠（聖地）である平沢寺・菅谷周辺を掌握したと考えられる（菊池紳一二〇一二など）。彼は、武蔵国惣追捕使の地位も継承したとみるべきであろう。

さらに、重能は、武蔵国東南部に進出して、摂関家領橘樹《たちばな》郡稲毛荘（川崎市高津区）の立荘に関与したと考えられる（清水亮二〇一二）。

稲毛荘は、武蔵国守藤原信頼・河内源氏嫡流の源義朝・義平と摂関家の藤原忠通の連携によって、保元元年（一一五六）前後に成立したことが明らかにされている（木村一九九

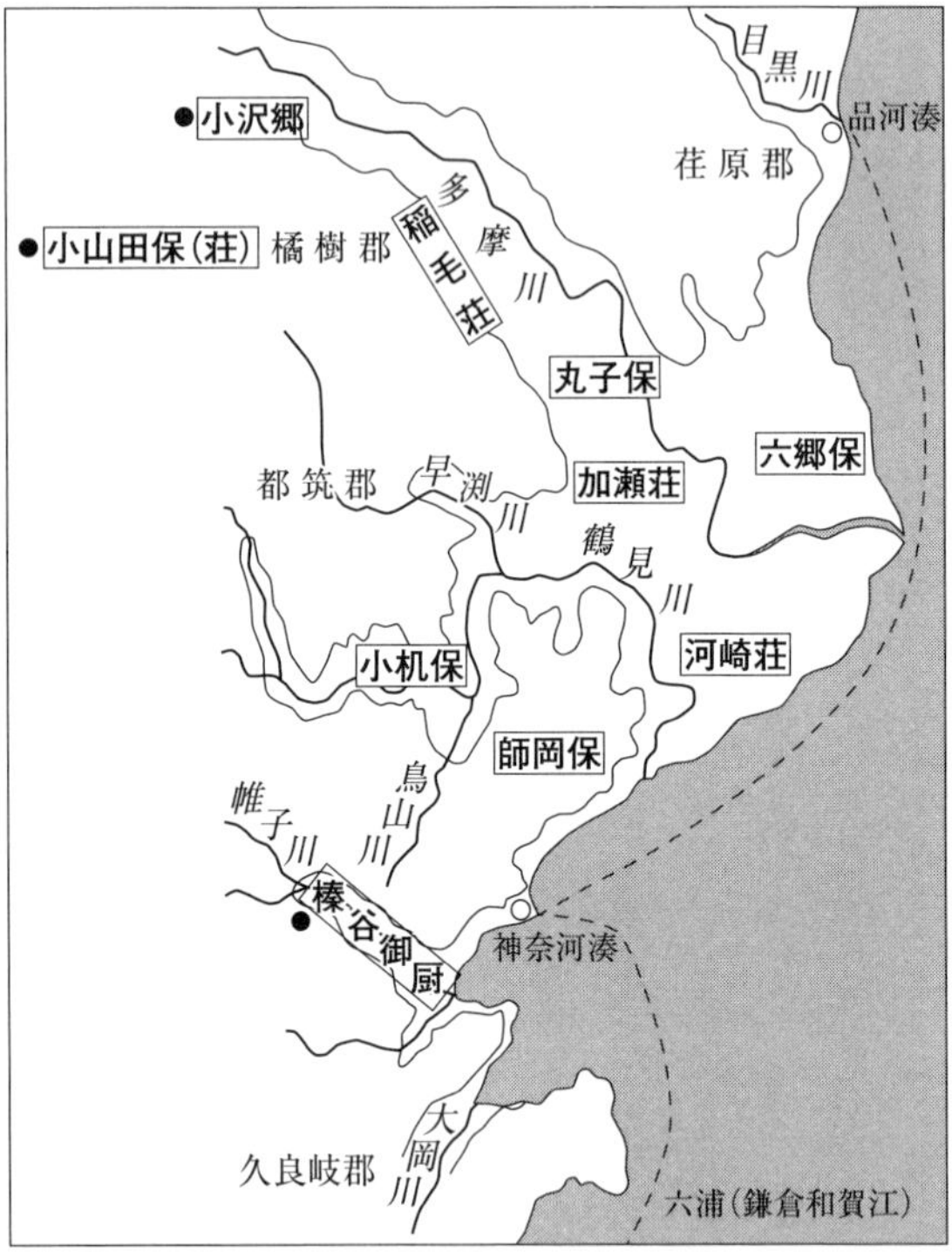

※●は小山田氏の所領（推定含む）

図11　稲毛荘周辺図
（湯山学『武蔵武士の研究』47頁〈岩田書院, 2010年〉所収の図に加筆・修正）

〇）。そして、重能の子息重宗は「下口六郎」・「渋口六郎」と呼ばれている（「指宿文書」所収「平姓指宿氏系図」・「山門文書」所収「山門系図」・「鎌倉年代記裏書」）。稲毛荘内の渋口《しぼぐち》郷は、稲毛《いなげ》荘内にあり、古代橘樹郡の中心であったと思われる（伊藤寿和二〇一二）。

武蔵国内の諸郡の中心地を拠点化して所領形成につなげる方式は、秩父平氏に広くみられるものである（今野一九九八、落合二〇〇五・二〇一〇など）。重能も他の秩父平氏と同様、おそらく橘樹郡の中心地であった渋口郷域に私領を形成したとみられる。そしてこの私領を中核として、武蔵国守藤原信頼や源義朝・義平、摂関家の藤原忠通との連携によって稲毛荘の立荘を実現させたのであろう。このような重能の動きが、「畠山庄司重能」という彼の通称を生み出したと考えられる。

なお、稲毛荘は重能の弟小山田有重《おやまだありしげ》の本領小山田保に近接している。重能による稲毛荘の成立には、有重の支援があったと考えるのが自然である。重能は有重とともに稲毛荘の成立・現地支配に関わり、稲毛荘経営の現地代表者として「庄司」（おそらく下司の地位）を確保したと考えられる。

では、秩父重隆の遺児たちはどのような動きをとったのであろうか。彼らのなかで大蔵合戦の勝者となったのは葛貫別当能隆のみであった。能隆の弟山田高綱・師岡高澄やその子孫の活動は大蔵合戦後には確認できず、一一六〇年代には山田高綱の所領を包摂する新日吉社領河越荘（埼玉県川越市・毛呂山町など）が成立する。河越荘は能隆の子息河越重頼の本領であり、立荘には能隆も関与していた可能性がある。そして、能隆の子息に「師岡兵衛尉重経《しげつね》」を確認できる（「佐野本系図　秩父」など）。

このような状況をふまえると、山田高綱・師岡高澄は葛貫能隆に従属を余儀なくされたか、殺害されたと考えるべきであろう。そして、葛貫能隆は、重隆とその子息たちが形成した入間郡・久良岐《くらき》郡の所領・権益を確保したのであろう。しかし、能隆の立場は、秩父平氏嫡流では畠山重能に次ぐものであったとみるべきである。そこで、能隆が選択したのが、源義朝に奉仕し、自身の立場の強化を図ることであった。

大蔵合戦の翌年、保元元年には、天皇家の嫡流をめぐる争いと摂関家の嫡流をめぐる争いが、河内源氏・伊勢平氏内部の対立と結びついて保元の乱が起こった。源為義をはじめとする河内源氏のほとんどが崇徳《すとく》上皇—摂関家主流（藤原忠実・頼長）の側に属した一方、義朝は父・兄弟と袂《たもと》を分かち、源義康（足利氏の始祖）とともに後白河《ごしらかわ》天皇—藤原忠通の側に属して、勝利に大きく貢献した。

この時、義朝は多くの武蔵武士を率いていた。そのなかに「高家ニハ河越・師岡・秩父武者」が見いだされる（『保元物語《ほうげんものがたり》』）。「高家」とは、各国内でも高い家格を持つ軍事貴族出身者と考えられ、武蔵国では秩父平氏嫡流がそれに該当する。

この「河越・師岡・秩父武者」のうち、「秩父武者」は秩父（平児玉）行弘に比定できる。残る「河越・師岡」を葛貫能隆・師岡高澄とみるか、能隆の子息河越重頼・師岡重経とみるかは判断が難しい。ただし、これまでにも述べてきたように、大蔵合戦以前に師岡氏は成立していたと考えるべきである。『保元物語』の記事は、葛貫能隆をはじめとした重隆流の人々が、大蔵合戦後に河内源氏のもとで生き残るための努力を物語っている。

畠山重忠の登場

さきに述べたように、大蔵合戦から保元の乱に至る過程で、畠山重能は、秩父平氏嫡流の族長の地位、秩父平氏嫡流の本拠平沢寺・菅谷（・大蔵もか）、武蔵国惣追捕使職などを獲得し、武蔵国東南部の摂関家領稲毛荘の成立にも関与したと考えられる。このような畠山重能の立場は一気に暗転する。平治《へいじ》の乱《らん》（一一五九〜六〇）が起こったためである。

平治の乱と畠山重能の受難

平治の乱は、新興の院近臣信西《しんぜい》（藤原通憲《みちのり》）一族に対する後白河院側近・二条天皇側近双方の敵意によって起こった。

信西は、その実務能力によって鳥羽院政下で台頭し、後白河天皇の信任も獲得した。そして、子息たちを後白河院（保元三年〈一一五八〉八月に譲位）・二条天皇の側近に配置して、君主父子双方に影響力を行使した。後白河院側近・二条天皇側近の貴族たちは、後白河院側近の有力者藤原信頼と結ぶ源義朝父子らの武力を頼んでクーデターを起こし、信西を死に追いやり、後白河院・二条天皇の身柄を確保した。しかし、信頼らが二条天皇の親政を掲げて政務を主導したことに、二条天皇側近は反発した。熊野詣に赴いていた伊勢平氏の族長 平 清盛《たいらのきよもり》が六波羅《ろくはら》に戻ってきたタイミングを捉えて、内大臣藤原公教《きんのり》は二条天皇側近と結び、天皇の脱出を企てた。この計画は成功し、二条天皇は大内裏を脱出して清盛の館に入った。

二条天皇の脱出計画を知った後白河上皇も大内裏を脱出したため、信頼と義朝一党はクーデターの正当性を失ってしまった。その後行われた平清盛ら平氏一門と義朝一党との戦いは、清盛方の勝利に終わった。義朝は逃亡途中の尾張《おわり》国で家人《けにん》の長田忠致に襲われ、乳母子《めのとご》の鎌田正清とともに自害した。長男の義平は清盛への報復を期して京近辺に潜伏していたが、捕縛されて斬罪に処された。次男の朝長《ともなが》は合戦で負った傷のため動けなくなり、義朝の手で殺害された。三男で嫡男であった頼朝《よりとも》は、義朝一行からはぐれたところで、平頼盛《よりもり》（清盛の弟）の郎等平宗清に捕縛され、死一等を減じられて伊豆国に流罪《るざい》となった。河内源氏嫡流は壊滅状態になったのである（以上、元木二〇〇四、野口二〇一二など）。

平治の乱に参加した東国武士の数は少なく、義朝の家人たちも徹底した追及を受けた形跡がみられない。とはいえ、義朝恩顧の武士たちの立場は概して悪くなっていた。

相模国最有力の武士であった三浦義明は、平氏（伊勢平氏《いせへいし》）の家人となったライバルの大庭景親《おおばかげちか》の後塵を拝する立場になった。千葉常胤も、平治の乱後、京武者の源義宗に下総国相馬御厨《そうま》の在地支配権を奪われている（以上、佐々木二〇〇八、野口二〇一六Aなど）。このように立場を悪化させた武士たちのなかに、畠山重能も含まれていた形跡がある。

武蔵国稲毛荘では、応保二年（一一六二）・長寛元年（一一六三）と連続して、年貢のほぼ全額が奪取される事件が起こっている。これらの事件を詳細に検討した木村茂光氏は、長く武蔵国司の座にあった藤原信頼とその弟信説《のぶとき》による武蔵国支配が平治の乱で断絶し、平清盛・知盛《とももり》父子が武蔵国支配を継承する状況と関わって、荘園停廃につながる大規模な年貢押取事件が稲毛荘で起こったことを明らかにした（木村一九九〇）。

木村氏は、稲毛荘の年貢押取事件に平氏権力の介入があったか否か、慎重に判断を保留している。私は、稲毛荘の現地支配者が畠山重能であったとする立場から、この事件に平氏権力が介入したか、もしくは事態を黙認していたと考えている。稲毛荘の年貢押取事件の主体は、平氏関係者か、現地の武蔵国衙関係者のいずれか（あるいはその両方）であったとみるのが自然であろう。すなわち、畠山重能は、平治の乱をきっかけとして武蔵国衙における地位を失墜させ、所領支配の危機に瀕していたのである。おそらく武蔵国惣追捕使職の地位もこの頃失ったとみるべきであろう。

平氏権力は、重能に代わる秩父平氏嫡流の代表者として、葛貫能隆もしくはその子息河越重頼（河越氏）を取り立てたと考えられる。河越氏は、清盛・後白河院と結んで新日吉社領河越荘を成立させ、その現地支配権を確保した（落合二〇〇五、鎌倉二〇一〇）。そして、重頼の弟重経は師岡氏を継承した。秩父平氏嫡流の本拠平沢寺・菅谷周辺は、畠山重能の手中に残されたとみられるが（菊池紳一二〇一二）、重頼・重経の兄弟は、彼らの父・叔父・祖父の所領・勢力圏の大部分を継承することに成功したのである。そして、重頼は平氏の後押しを得て武蔵国惣追捕使職の地位を確保したとみられる。

劣勢に立たされた重能は、失地回復の手を打った。弟の小山田別当有重とともに平氏の家人として奉公に励んだのである。慈円《じえん》は、治承四年（一一八〇）、源頼朝が挙兵した時のことについて「平家が世を治めてから長い時がたったので、東国にも（平家の）郎等は多くなった中で、畠山庄司（重能）・小山田別当（有重）という兄弟があった。彼らはその時京都にいたので、重能の子息の庄司次郎重忠などという者どもが押し寄せて戦って、（頼朝軍を）箱根の山に追い込んだ」（『愚管抄《ぐかんしょう》』第五）と述べている。重能・有重は東国の平氏郎等の中で、京都の貴族社会で名指しされるほど重要な存在となっていた。こうして、重能は平氏の後ろ盾を得ることで、河越重頼に対抗しようとしたのである。

畠山重能の戦略と畠山重忠の誕生

では、本拠のある武蔵国において、重能の失地回復はどのように進められたのであろうか。児玉党小代《しょうだい》氏の関係史料を収載した『肥後古記集覧』十五所収の「小代系図」では、秩父武者太郎行俊《ゆきとし》の子息蓬萊三郎経重《つねしげ》について「母江戸四郎平重継の女なり。経重は畠山庄司次郎重忠一腹の舎兄なり」と注記されている。この注記が手がかりとなる。

従来、畠山重忠の母は、三浦義明の息女もしくは孫娘と考えられてきた。「小代系図」の注記は、その通説とは全く異なる重忠の出自を示している。また、薩摩平氏指宿《いぶすき》氏の系図「平姓指宿氏系図」でも、重忠に「母江戸四郎平重次女」という注記を付している。さらに、『源平盛衰記』では、治承四年（一一八〇）八月末の衣笠城《きぬがさじょう》落城にあたって三浦義明が重忠を「継子孫《マヽゴ》」と呼び、その手にかかって死ぬことを望む記述がみられる。

これらの事例をふまえると、重忠の実母は三浦氏から重能が娶った女性ではなく、江戸重継の息女であったと考えるのが妥当であろう。畠山重忠の生年は長寛二年（一一六四）である。当時の成人年齢がおおむね一五歳であったこと、重忠に経重という兄がいたことをふまえると、重忠の母は一一四〇年代前半に生まれた可能性が高い。江戸重継の兄秩父重隆が死んだのが久寿二年（一一五五）であり、その死因が戦死であったことを考えると、江戸重継は、一一四〇～五〇年代には健在であった可能性が高い。重忠の母が江戸重継の息女であったとする「小代系図」などの記述は事実であると私は考える。

一方、重能が三浦義明の婿であるという認識も広く受け入れられていた。重能と三浦義明息女の間に子息は生まれなかったか、もしくは早世したものと考えられる。そして、子息に恵まれなかったにもかかわらず、重能は彼女を離別することはなかったのであろう。

ちなみに、重忠の兄として「重光庄司大（太）郎」（「中条家文書」所収「桓武平氏諸流系図」）が見

図12　畠山重能・重忠関係系図

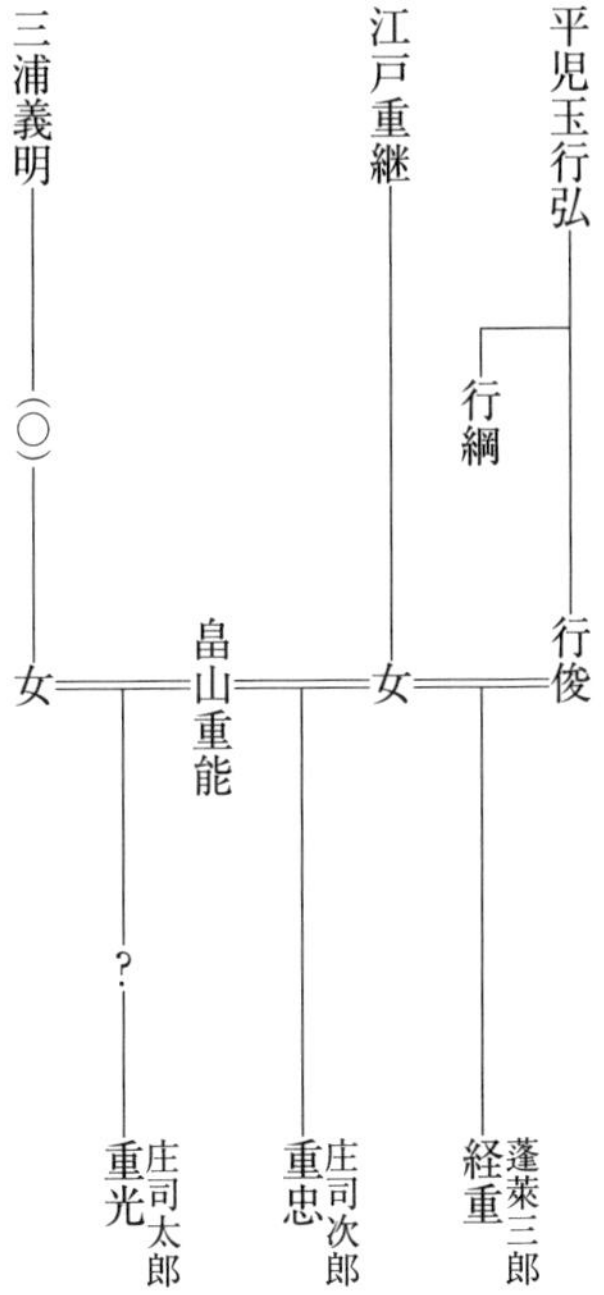

＊「中条家文書」所収「桓武平氏諸流系図」・「指宿文書」所収「平姓指宿氏系図」・『肥後古記集覧』十五所収「小代系図」・「諸家系図纂」所収「児玉系図」・『群書類従』巻一三八「三浦系図」より作成。

いだされるが、彼の事績は伝わっていない。重能と三浦義明息女の間に生まれた子息がいたとすれば、重光が該当する。

以上、ややこしい考証を重ねてしまったが、重忠の母は江戸重継の息女であったこと、三浦氏出身の女性も重能の妻の座を失っていなかったことを述べてきた。

次に問題になるのは、秩父氏（平児玉氏）と蓬莱経重の関係である。以前、私は、畠山重能と江戸重継息女が婚姻し、経重をなした後、平児玉氏に養子に出したと推測した（清水亮二〇一〇など）。しかし、子息に恵まれなかった重能が、新たに妻を迎えて最初になした子を養子に出すのは不自然である。江戸重継の息女は、もともと平児玉行俊に嫁いでおり、経重を生んだ後に重能に再嫁したと考えるのが自然である（菊池紳一二〇一二）。

この推測を補強するのが行俊の死因と死期である。平児玉行俊については「平治の乱、中御門において討ち死に、廿五才」という記述を持つ系図がある（「諸家系図纂」所収「児玉系図」など）。すなわち、平児玉行俊は畠山重能と同じく源義朝の家人であり、かつ二五歳という若年で平治の乱に参戦して戦死したのである。未亡人となった江戸重継の息女が重能に再嫁する一方、男児である経重を父方に残すことによって、平児玉氏は畠山氏との連携を強化したと考えられる。

以上、重忠の出生をめぐる人間関係を整理すると、江戸氏・畠山氏・秩父氏（平児玉氏）という秩父平氏嫡流の構成員相互で婚姻関係が取り結ばれたことがわかる。この婚姻関係は、荒川という大河川とも大きな関わりを持っていたとみられる。荒川の上流域に秩父氏（平児玉氏）・畠山氏が、その河口部には江戸氏が所領を形成していたのである。この三氏の婚姻関係は、荒川水運を共有する領主相互の結合でもあった。

さらに着目したいのは、重忠をめぐる畠山・江戸・秩父（平児玉）三氏の婚姻関係から河越氏が排除されていることである。河越氏は、平氏に引き立てられて武蔵国内武士で最も高い地位に昇ったと考えられる。このような河越氏に対峙するため、畠山・江戸・秩父（平児玉）三氏は、婚姻関係を介して再結合したと考えられる。そして、この結合の中心にいたのは畠山重能だったことになる。重能は、武蔵国惣追捕使職はおそらく失ったものの、大蔵合戦の戦果である平沢寺・菅谷（・大蔵もか）、それに稲毛荘や荒川流域の本領畠山郷を維持したのである。

このような戦略のもと、重能は、自らの影響力の強い地域・所領に子息たちを送り込んでいった。嫡子重忠は、「畠山」を名乗っていることから、畠山郷と平沢寺・菅谷周辺などを継承したと考えられる。重忠の弟である長野三郎重清《しげきよ》は、荒川に近い埼玉郡長野（埼玉県行田市長野周辺）を名字としている。荒川沿いの武蔵北西部には、津戸《つのと》氏のような畠山氏の配下の中小武士が多く分布していた。長野三郎重清は、彼らに支えられつつ、荒川水運を押さえる役割を負って埼玉郡に配置された可能性が高い。同じく重忠の弟である渋口六郎重宗は、さきに述べたとおり、武蔵国東南部の稲毛荘内に所領を分与されたとみられる。

また、江戸氏から新たに妻を迎えるという重能の選択には、三浦氏との関係を薄めるという動機もあったと考えられる。平氏権力が拡大していく過程で、三浦氏が相模国内で立場を悪化させていく一方、重能は、平氏への奉公などを積み重ねることで立場を好転させていったのである。

したがって、重能は、相模国の有力武士である三浦氏との関係を完全に解消することは避ける一方、同族の江戸氏出身の女性を妻として嫡子をもうけることによって、河内源氏との縁が深い三浦氏との関係を薄めようとしたと推測できる。なお、三浦氏も、平治の乱によって劣勢に立たされた重能との関係を薄めようとしている（坂井二〇〇七）。

畠山重忠の誕生は、平治の乱によって窮地に陥った重能のサバイバルの所産であった。重能のサバイバルは、平氏家人となって京都政界での後ろ盾を確保する試みと、江戸氏・秩父（平児玉）氏との婚姻関係によって荒川水運を共有しつつ、河越氏と競合するという戦略によって実現した。このような背景をもって、重忠は長寛二年（一一六四）に誕生した（『鏡』元久二年六月二二日条）。彼は、平治の乱以前に父重能が河内源氏に従っていた姿を知らない「戦後世代」である（貫一九六二、野口二〇〇二A）。

畠山重忠の少年時代

重忠が初めて史料上に現れるのは、治承四年（一一八〇）八月二三日、石《いし》橋山合戦《ばしやまかっせん》の前後に、頼朝方の三浦軍を追走する格好で相模国に進軍した時のことである。重忠は、この時一七歳、初陣であった。幼名は氏王丸であったという（『延慶本平家物語』）。

重忠の幼少時代を確実に復元することは難しいが、手がかりはある。元暦元年（一一八四）六月一日、頼朝は平清盛の弟頼盛《よりもり》を鎌倉で饗応した。頼盛は平氏一門から離脱し、鎌倉の頼朝のもとに滞在していた。この日の饗応は、帰洛する頼盛へのはなむけのため催された。この時に呼ばれた御家人《ごけにん》たちは、小山朝政《おやまともまさ》・三浦義澄《みうらよしずみ》・結城朝光《ゆうきともみつ》・下河辺行平《しもこうべゆきひら》・畠山重忠・橘公長《たちばなのきんなが》・足立遠元《あだちとおもと》・八田知家《はったともいえ》・後藤《ごとう》新兵衛尉基清《もときよ》の九名であり、彼らは「これみな京都に馴るるの輩なり」とされている（『鏡』同日条）。

要するに、重忠は京都に慣れ親しんでいたため、頼盛の饗応に呼ばれたわけである。そして、重忠が京都の文化にふれた時期は、一七歳の初陣より前の時期と考えざるをえない。治承四年八月末から、平頼盛を頼朝が饗応した元暦元年六月一日までの間に重忠が京都に滞在したのは、寿永三年（元暦元年）正月・二月頃に限られるからである（貫一九六二）。

寿永二年暮れ、頼朝は、木曾義仲《きそよしなか》を追討するために弟源範頼《のりより》・義経《よしつね》を派遣した。さきに派遣されたのは義経である。義経は、朝廷が頼朝勢力の東国支配権を認めた寿永二年一〇月宣旨を施行するため伊勢・伊賀方面に進み、そこで現地の武士たちを組織していた（川合二〇〇四）。一方、範頼は、頼朝が義仲追討軍を本格的に派遣する段階で鎌倉を出立したとみられる。重忠は義経軍に編成されて宇治川で戦い、義仲が戦死した寿永三年正月二〇日には入京して院御所を警備している（『源平闘諍録《げんぺいとうじょうろく》』・『鏡』同日条など）。さらに、同年二月には、いわゆる「一ノ谷合戦《いちのたにかっせん》」（生田森《いくたのもり》・一の谷合戦）で平氏軍と戦っている。この戦いの後、重忠の活動がわかるのは、さきに紹介した六月一日の頼盛饗応への参加である。

生田の森・一の谷合戦の後、重忠が京都近辺に滞在した期間を確定することは難しいが、長く見ても四ヶ月未満である。この期間の内に、「京都に馴る」と評価されるだけの素養を身につけたとは考えにくい。

ちなみに、重忠と同席した八田知家は「八田武者所知家」、足立遠元は「足立右馬允遠元」、橘公長は「橘右馬允公長」と呼ばれている。彼らは、治承《じしょう》・寿永《じゅえい》内乱以前から京都との関わりが深い武士たちであった（服部一九九五、野口一九九四B、岩田二〇一〇、菊池紳一二〇一七A・Cなど）。結城朝光は、治承四年、頼朝に近侍することになった際に一四歳であり、それ以降、頼盛饗応の時点まで京都に行った形跡がない。結城朝光やその兄小山朝政も、治承・寿永内乱以前から在京活動を行っていたと考えられる（野口二〇一四）。

後藤基清は秀郷流《ひでさとりゅう》藤原氏の京武者であり、実父は内舎人《うどねり》などを勤めた佐藤仲清、叔父は歌人西行《さいぎょう》として有名な佐藤義清である（『尊卑分脈《そんぴぶんみゃく》』）。三浦義澄は治承・寿永内乱勃発以前に在京していた（『鏡』治承四年六月二七日条）。下河辺行平も、有力な京武者である源頼《より》政《まさ》を主君として在京活動を行っていたと考えられる（野口二〇一五）。

重忠についても、彼らと同じように京都で長く活動しており、その時期は治承四年以前であったと考えざるをえない。おそらく、平氏に仕えるために在京していた父畠山重能に従って在京活動を行っていたのであろう。また、さきにふれたとおり、重忠が属する「秩父」（秩父平氏嫡流）は、滝口を勤める家柄であった。院政期の武士の無官の年少者には、一三・一四歳で権門に初参し、一六・一七歳で滝口に推薦されるライフコースがあった（米谷一九七四）。重忠も、在京中に滝口を経験していたのかもしれない。

少年期の重忠が京都で目にしたのは、京都の貴族社会と結びついた武士のあり方、権力を強めていく平氏一門、そして東国の平氏家人の代表格として活動する父の姿であったであろう。そして、武蔵国にあっては、畠山・平沢寺・菅谷を拠点として、武蔵国北西部の中小武士たちの上に立つ父の姿に接していたと考えられる。重忠は、父の姿を自身の未来の姿に重ね合わせていたのかもしれない。少なくとも、治承四年八月までは、重忠が父重能と異なる生き方を見いだすような条件は見あたらない。

頼朝の挙兵、重忠の初陣

治承四年（一一八〇）、重忠の生き方は劇的な変化を迫られることになった。そのきっかけは、同年八月一七日に始まった源頼朝の挙兵である。頼朝が挙兵したきっかけは、後白河院の第三皇子である以仁王《もちひとおう》による反平氏の挙兵（以仁王の乱）である。

治承三年一一月に平清盛がクーデターを起こして後白河法皇を幽閉して院政を停止し、自身の婿にあたる高倉天皇の親政を実現させた。いわゆる平氏政権の成立である（上横手一九八九）。この事件によって、以仁王の皇位継承が絶望的な状況になった。また、以仁王は、清盛のクーデターによって、自身の経済基盤である城興寺領荘園が没収されたこともあり、平氏に対する強い恨みを持っていた。以仁王は源頼政を説得して自陣に引き入れ治承四年五月に反平氏の兵を挙げたが、二人とも敗死した。頼政の知行国《ちぎょうこく》であった伊豆は平時忠《ときただ》の手に移り、さらに伊豆にいた頼政の孫有綱《ありつな》を追討するため、清盛の命によって大庭景親が派遣された。このような軍事的緊張が、頼朝を挙兵に追い込んだのである（上杉二〇〇七など）。

頼朝一党は、八月一七日に伊豆国の目代山木兼隆《やまきかねたか》を襲撃して討ち取り、相模国に進軍したが、同月二三日の石橋山合戦で大庭景親率いる平氏軍に惨敗した。三浦一族は、頼朝方としての立場を鮮明にしていたが、合戦に間に合わなかった。この三浦一族が重忠の初陣

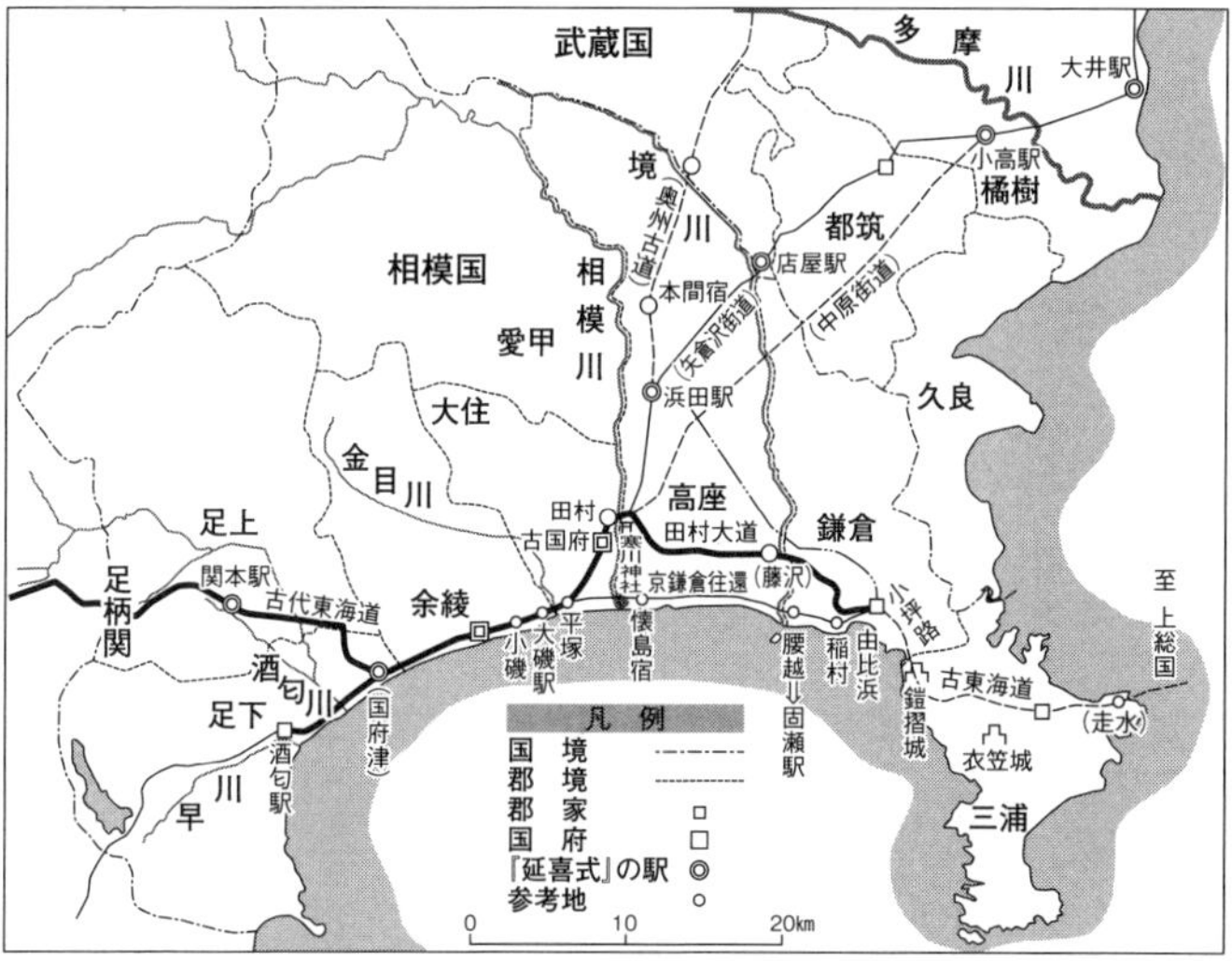

図13　中世初頭相模国内主要交通体系図（今野2014より）

の相手になった。佐伯真一氏・今野慶信氏の成果に学び、『吾妻鏡』や『延慶本平家物語』・『源平盛衰記』によって、その経緯を追ってみよう（佐伯二〇〇三、今野二〇一四）。

三浦一族は、八月二三日夜、丸子《まりこ》川（酒匂《さかわ》川）のそばの浜宮（場所不詳）まで進軍し、翌日に合戦をすると判断して休んでいた。そこに頼朝方の大沼四郎が戦場からやってきて、頼朝方の敗戦と頼朝が戦死したであろうことを伝えた。それを聞いた三浦一族は「おのおの自害するべきだ」と述べたが、三浦義澄《みうらよしずみ》の意見によって、三浦に籠もって一戦することを決めた。

畠山重忠が率いる軍勢が背後から迫っ

ていることから、三浦一族は重忠軍に遭遇しないように、浜沿いの道を通って三浦に引き返そうとした。一方、重忠は三浦勢の動きを聞きつけ、乳母子の榛沢成清《はんざわなりきよ》に「この人々《（三浦）》に恨みはないが、彼らはことごとく佐殿《（頼朝）》の味方だ。重忠の父の庄司《（重能）》は平家に奉公して、今は在京している。これを一矢も射ずに通したならば、大庭《（景親）》と伊藤《（祐親）》などに讒言され、きっと平家の御勘当を蒙るであろうと思う。いざ追いかけて一戦しよう」と述べたところ、成清も同意し、三浦勢を追走した。三浦勢は、鎌倉を横断して小坪（神奈川県逗子市）に到達したところで、重忠勢の先遣部隊三〇騎ばかりに追いつかれた。そこで、三浦勢は二手に分かれ、三浦義澄勢が東進して鐙摺《あぶずり》（神奈川県三浦郡葉山町）にそのまま進み、和田義盛《わだよしもり》勢が重忠勢約四百騎に対峙する選択をとった。

　重忠は郎等（「横山党ニ弥太郎ト云者」）を使者として和田義盛の許に遣わし、「（三浦一族の）各々《おのおの》に遺恨に思うべきことはないのですが、父の庄司、叔父の小山田別当《（有重）》が、ちょうど今平家に召されて六波羅に祗候《しこう》しています。重忠の陣の前を黙ってお通ししたならば平家の勘当を蒙るだろうことは間違いありません。したがって、ここまで参りました。当方へ進軍なされよ。わが方もそちらに向かいましょう」と伝えた。和田義盛は、郎等の三浦真光《さねみつ》を重忠の使者に付けて「御使の申すことは詳しく承りました。仰ることには、もっともの理由があります。しかし、庄司殿《（畠山重能）》という方は大介《（三浦義明）》の孫聟です。それゆえ、曾祖父に向かって、（重忠殿は）どうして弓矢を取って向かわれるのでしょうか。当然お考えいただきたい」と和平を提案した。重忠はこの提案を受け入れ、軍勢を引いた。

しかし、三浦軍のうち、別行動をとって鎌倉の犬懸《いぬがけ》近辺にいた和田義茂《よしもち》（義盛の弟）が、戦が始まったという誤報を聞き、八騎で畠山勢に襲いかかり、畠山軍も応戦する構えを見せた。これを見た義盛は、義茂を助けるため、西に引き返して畠山軍に襲いかかった。こうして由比浜《ゆいがはま》で三浦軍と畠山軍の戦いが始まってしまった。

三浦義澄も、この様子を見て鐙摺から由比浜に向かって引き返した。義澄勢は細い道を通ったため軍勢が延びきってしまったが、畠山軍はこれを見て、三浦軍だけでなく、下総・上総の軍勢も加勢していると誤認して弱気になった。

結局、由比浜の戦いは三浦方の勝利に終わった。畠山軍は、津戸四郎・川口次郎大夫・秋岡四郎をはじめとして三〇人あまりが戦死した。重忠の郎等である綴《つづき》（都筑）党の綴太郎らは、和田義茂と直接対戦して討ち死にしたという。

重忠は敗色の濃い自軍を鼓舞するため、名乗りを上げて三浦軍と戦おうとしたが、榛沢成清に諫められて撤退し、本間宿《ほんましゆく》（神奈川県海老名市）に入った。しかし、本間宿にも頼朝方が多く居住していたため、その「家々」に放火し、「山下村」（神奈川県平塚市か）まで焼き払ったという。

重忠軍の撤退経路は明確でないが、由比浜から田村大道（古代官道に系譜を引くルート）を通って寒川《さむかわ》神社近辺まで西進し、ここから東海道を北上して、さらに横山党の盤踞する「貢馬《くめ》の道（相武国府ルート）」（菱沼一九九三、高橋一樹二〇一三）に入って本間宿に到達したと考えるのが自然であろう。本間宿は横山党の傍流本間氏の拠点と考えられる。横山党嫡流は秩父平氏嫡流、とくに重弘流（畠山流）との縁が深く、平氏が知行国主であった武蔵国の同輩でもあった。重忠が東海道から「貢馬の道」を経て本間宿に入る選択を取ったのも、横山党の支援を期待したからではないだろうか。しかし、重忠たちの案に相違して横山党は必ずしも一枚岩ではなかったのであろう。すくなくとも本間氏は頼朝方であったか、そのように重忠に受け取られる態度をとったと考えられる（清水亮二〇一四A）。

重忠のリベンジ、三浦一族の遺恨

重忠は敗戦の屈辱を晴らしにかかった。河越重頼・江戸重長に援軍を呼びかけ、彼らもこれに応じた。重忠は、重頼には「当国の党々」を率いて来会するよう要請した（『鏡』治承四年八月二六日条）。その理由は重頼が「秩父家」で次男流ながらも「家督」を継いでいたからであるという。当時の秩父平氏嫡流は、平氏が代表者と認めた河越重頼と、所領・地域支配という点では大蔵合戦の戦果を維持した畠山重能が並び立つ状態にあり、「家督」が定まっていたわけではない。私は、河越重頼が武蔵国惣追捕使職として「当国の党々」を率いる立場にあったことは事実であるが、「秩父家」の家督であったとする『吾妻鏡』の記述は、鎌倉中期の河越氏の認識（主張）を反映したものと考えている。

こうして秩父平氏最有力者の三人がそろい、これに河越重頼が率いていた「金子・村山の輩」以下の武士たち、秩父平氏傍流の中山重実《しげざね》らが加わって、三浦氏の本拠衣笠城を襲った。合戦は八月二六・二七日にわたったが、三浦氏は敗北した。三浦大介義明は、秩父平氏を中心とした武蔵国の軍勢によって衣裳を剝ぎ取られ、江戸重長《しげなが》によって殺害された。さきに述べたように、義明は「継子孫」である重忠に討ち取られることを望んでいたが、かなわなかったという（以上、『延慶本平家物語』・『源平盛衰記』）。

重忠は、姻戚である三浦一族を相手に初陣のリベンジを達成した。ただし、重忠と三浦氏との間に実際の血縁関係はなく、重忠自身が平氏家人としてのアイデンティティを持っていた可能性が高い。そして、平治の乱後は、畠山重能・三浦氏双方が姻戚としての結びつきを薄めようとしていた。一方の族長を死に追いやるような激戦は、畠山・三浦の関係が密接でなくなったからこそ実現したのである（川合二〇一二）。

そして、この激戦は、あらたな復讐の種をまいた。本拠を蹂躙され族長を失った三浦氏側は、秩父平氏、特に三浦義明の「継子孫」畠山重忠を敵《かたき》と認識したのである。

頼朝の房総制圧と秩父平氏嫡流

石橋山の敗戦後、頼朝は急速に勢いを盛り返した。頼朝は箱根山に逃げ込んだ後、相模国足柄郡の真鶴岬から海路で安房《あわ》に向い、八月二九日には同国平北郡の漁島にたどりつき、舅の北条時政《ほうじょうときまさ》や三浦義澄らと合流した。

安房にたどりついた頼朝は、上総国・下総国で大きな支持勢力を獲得した。上総広常《かずさひろつね》と千葉常胤である。両総平氏の族長である上総広常は、上総国の国務をめぐって平氏家人である国司伊藤忠清《いとうただきよ》と対立していた。また、平氏権力と結びついた留住貴族の下総藤原氏が両総平氏一族を組織しており、広常は族長権の動揺にもさらされていた。一方、千葉常胤は、下総藤原氏に強く圧迫されていた。上総広常・千葉常胤ともに頼朝に味方する具体的な動機があったのである。

上総広常・千葉常胤は、上総国（おそらく国府）で頼朝のもとに参陣した。この間に伊藤忠清の目代平重国《たいらのしげくに》は頼朝方の勢力に討たれたと考えられる。そして、千葉氏・上総氏の軍勢が下総藤原氏の千田親政《ちだちかまさ》と交戦して破り、九月一七日には、千葉常胤が生捕りにした千田親政を連れて頼朝のいる下総国府に参上した（以上、野口一九九四B・二〇一七）。

房総半島を制圧した頼朝は、武蔵国への入国と武蔵武士団の組織を考え始めた。武蔵国に入るためには、下総と武蔵の国境の江戸湾岸域を支配する江戸重長を味方にする必要がある。そこで頼朝は、九月二八日に「畠山重能と小山田有重が在京しているため、今の武蔵国では汝がすでに棟梁である。とくに恃《たの》みに思っているので、よき勇士を率いて参陣せよ」と重長を誘引した（『鏡』同日条）。重長が参陣しなかったため、頼朝は、すでに配下に入っていた秩父平氏傍流（豊島流）の葛西清重《かさいきよしげ》に重長の誘殺を命じた。しかし、清重は同族であり付き合いが深いことから、頼朝の命を拒否したという（『鏡』治承四年九月二九日条、『沙石集』）。

図14　東国武士団の分布と挙兵後の頼朝の進路（治承4年）（野口2017を一部修正）

頼朝にしてみれば、秩父平氏嫡流を頂点とする武蔵武士団を味方に引き入れなければ、武蔵入国はできない。しかし、長く平氏知行国であった武蔵の武士たちは、基本的に平氏方であった。実際に秩父平氏嫡流の有力者である河越重頼・畠山重忠・

江戸重長は、源氏方の三浦氏を攻撃し、平氏方としての立場を明確にしていた。頼朝は、秩父平氏嫡流の実力を高く評価していたが、江戸重長の殺害を考えたことからみて、彼らを信用していなかったであろう。

秩父平氏嫡流の面々も、頼朝に対しては疑心暗鬼であったと思われる。頼朝の勢いを考えると参陣して赦免を受けたい。しかし、敵対行動をとった事実を、頼朝がどのように評価するか。重忠・重頼・重長らは葛藤したであろう。

重忠たちの転身

重忠・重頼・重長らが頼朝のもとに参陣したのは、『吾妻鏡』によると治承四年（一一八〇）一〇月四日のことであったとされる。ただし、この日の記事では「畠山次郎重忠、長井の渡《わたし》に参会す。河越太郎重頼・江戸太郎重長、また参上す」と重忠と重頼・重長の参陣が書き分けられている。重忠と重頼・重長はそろって参陣したわけではなさそうである。

また、重忠が「参会」したとされる長井渡は、武蔵国北部の長井荘（埼玉県熊谷市）にある利根川の渡河点である。したがって、『吾妻鏡』治承四年一〇月四日条の記事には、利根川と関わりを持つ畠山重忠にかかわる伝承・故事がまぎれこんでいたと考えられる（今野一九九六C）。

江戸重長は一〇月一・二日頃に下総・武蔵の国境にある隅田宿（あるいは渡し）の頼朝

の陣に参上し、隅田川を渡る舟橋を提供して頼朝軍の武蔵入国を助けたとみられる。そして、頼朝は一〇月二日に隅田川を渡り、石浜（東京都台東区橋場・荒川区南千住）に着岸した。重忠が参陣したのは、この石浜であった可能性が高い（今野一九九六C）。秩父平氏嫡流の面々は、独自に身の振り方を考えており、それが参陣のタイミングのズレとして現れているのではないだろうか。重忠自身の参陣については、一〇月二日から四日の間、と幅を持たせて理解したい。

『延慶本平家物語』には、重忠の考えと行動が詳細に記されている。重忠は「今の世間の様子はどのようになるともわからない。父の庄司（重能）・叔父の小山田の別当（有重）が六波羅に祗候している以上、他に考えるべきではないので、三浦の人々と一戦した。一方、その事情は三浦の人々にも言い置いた。今、兵衛佐殿（源頼朝）の勢いはただごととも思えない。ぜひとも推参したいとおもうがいかがか？」と乳母子の榛沢成清に相談している。

一方、重忠の問いに対する成清の回答は明快であった。「そのことです。このことを『只今申し合わせよう』と思っていたのです。弓矢を取る習いとして、父子が両方に分かれることは常の事です。一方、また平家は今の主であり、佐殿（頼朝）は四代相伝《そうでん》の君です。（臣従することに）問題があるはずがありません。すみやかに御推参するべきです。遅れれば、きっと追討使を派遣されるでしょう」と答えたという。成清は、「四代相伝の君」という、河内源氏と秩父平氏嫡流の主従関係の歴史を、臣従の根拠として持ち出した。この論理は、頼朝を棟梁と仰ぐ歴史認識を提供することで、畠山の家を滅亡の危機から救いうるものであった（永井一九九七・二〇一七）。

重忠は成清の助言を受け入れて約五百騎の兵を率い、白旗と白弓袋を携えて頼朝のもとに参陣した。おそらく、重忠と頼朝が顔を合わせるのはこれが初めてであっただろう。

頼朝は「汝の父重能・叔父有重はいま平家に仕えている。とくに、（汝は）小坪で我が方に敵対した上、私の旗とまるで同じ様な旗を指している。きっと考えることがあるのではないか？」と重忠を尋問した。頼朝は、親・叔父が平氏家人であるという重忠の立場、重忠自身の敵対行為、自身と同じ旗を指すことの意味、という三点を的確に突いている。

重忠は「先に小坪で合戦をしたことについては（その時の）考えを、再三三浦の人々に申し置きました。その事情はきっと（三浦の人々が君に）披露したのではないでしょうか。まったく私の遺恨によるものではありません。君の御事をないがしろにすることも考えておりません。次に旗のことは、ご先祖の八幡殿《（源義家）》が清原武衡・家衡を追討なさった時、重忠の四代の祖父である秩父十郎武綱が初参して、この旗を指して御共し、先陣をかけて、かの武衡を追討したのです。近い例では、御舎兄の悪源太殿《（源義平）》が多胡先生殿《（源義賢）》を大倉の館にてお攻めになった時の合戦で、重忠の父《（重能）》がこの旗を指して、即時に（敵を）討ち落としたのです。源氏の御為には、いずれにしても重代相伝の御慶事（に関わる旗）です。よってその名を「吉例」といいます。君が今、日本国を討ち取りなさる時ですので、「吉例」の御旗を指して参りました。この上は、（参陣を）お計らい下さい」と陳弁した。

頼朝はこの陳弁を受け、重忠の処遇を千葉常胤・土肥《どひ》実平《さねひら》などに諮ったが、彼らは一同に「畠山を御勘当なさらないで下さい。畠山だけでもお討ちになるならば、武蔵・相模の者共はゆめゆめ御方に参らないでしょう。彼らは畠山を守るでしょう」と述べ、頼朝はこれを受け入れたという。

もっとも、頼朝は武蔵国を制圧するために「有勢之輩」である秩父平氏の協力が必要だと考えており、三浦一族に「恨みを残すな」と言い含めていた。重忠・重頼・重長は、頼朝の前で列座して三浦一族と目を合わせた。三浦一族の内心はどうあれ、彼らと秩父平氏嫡流の「和平」は成立したのである（『鏡』治承四年一〇月四日条）。

『延慶本平家物語』の記述を信じるならば、榛沢成清の助言があったとはいえ、重忠の判断と行動は中世武士として適切であり覚悟も座っていた、と私は考える。

重忠は、父重能不在の状況で平氏方として初陣を経験した。そして、その一ヶ月後には頼朝勢力が房総半島を制圧するという状況のなかで、自身と配下の身を保全する責任を負ったのである。頼朝勢力が拡大の一途をたどる事態を受け入れ、平氏方としての立場を捨て去る判断は、状況に応じて主従関係を締結・解消する、中世武士に広くみられる動向と合致する。重忠もまたドライな中世武士の行動の実践者であった。

そして、重忠にとって、頼朝との交渉は命がけの戦いでもあった。重忠にとって頼朝軍に参陣を認められるか否かは、自身と配下の命にかかわってくる。言葉を尽くして頼朝に対峙した結果として、重忠は自身と配下の身を守ることができた。

これ以後、重忠は頼朝権力下の有力武士として活動する。その様相については、章を改めて述べたい。

豪族的武士としての畠山重忠

源頼朝と畠山重忠

頼朝の武蔵入国と秩父平氏嫡流

源頼朝《みなもとのよりとも》は、畠山重忠《はたけやましげただ》の陳弁を受け入れた後、白旗に変えて藍革の一文を押した旗を与えたという（『延慶本《えんぎょうぼん》平家物語』）。そして、一〇月五日、武蔵国府に入った頼朝は武蔵国諸雑事・在庁官人・諸郡司などについての沙汰を江戸重長《えどしげなが》に命じた。また、重忠は、同六日、頼朝が相模国鎌倉に入る時に先陣を勤めた（以上、『鏡』）。頼朝は、河越重頼《かわごえしげより》に代えて江戸重長に国衙《こくが》の指揮権を与える一方、重忠には先陣を任せたのである。この頼朝の処置は、平氏に取り立てられた河越重頼を無視する姿勢を示したものであった（金沢一九七九、木村二〇一一など）。

江戸重長が武蔵国衙の指揮権を行使した形跡はなく、河越重頼は、頼朝の弟義経《よしつね》の舅となったように、頼朝の厚遇を受けた。したがって、頼朝の処置はあくまでも一時的なものであったといえる。しかし、秩父平氏嫡流は、とくに畠山氏と河越氏の間にライバル関係をはらんでいた。頼朝は、秩父平氏嫡流内部の人間関係に緊張感をもたらす処置をあえて行ったと考えられる。

警戒する頼朝

頼朝は、重弘流（畠山氏・小山田氏）の内部にも緊張関係をもたらす待遇を行った。養和元年（一一八一）四月七日、頼朝は御家人《ごけにん》のなかから「殊に弓箭に達するの者」、「御隔心無きの輩」一一名を選抜し、毎夜、寝所の近辺を警備させた（『鏡』同日条）。彼らについて、細川重男氏は頼朝個人の親衛隊である「家子《いえのこ》」の原形となるメンバーと評価している。また、菱沼一憲氏は、頼朝に近く祗候《しこう》し頼朝の施策を実行する「昵近衆《じつきんしゅう》」の原形としている（細川二〇一一、菱沼二〇一一）。

秩父平氏《ちちぶへいし》傍流の葛西清重、秩父平氏嫡流で重忠の従兄弟にあたる榛谷重朝《はんがやしげとも》がこの一一人のメンバーに選ばれた一方、重忠は選外であった。重忠は弓が得意でなかったふしがあるので（貫一九六二）、それが頼朝の親衛隊一一人に選ばれなかった一因かもしれない。しかし、頼朝の葛西清重《かさいきよしげ》・榛谷重朝への信任が、重忠への信任より厚かったことは確かであろう。

頼朝が、重忠よりも、その従兄弟である小山田《おやまだ》（稲毛《いなげ》）重成《しげなり》・榛谷重朝兄弟を重用した事例は他にもある。

畠山重能《しげよし》・小山田有重《ありしげ》は、重忠らが頼朝勢力に身を投じた後も、平氏方としての活動を続けていた（徳竹二〇〇〇）。重能は、治承五年（養和元年、一一八一）三月二四日に「左右衛門尉」への任官候補者に名を連ねている（『吉記《きっき》』同日条）。兵衛尉は六位相当の官職であるから、重能は侍品《さむらいほん》であったと考えられる。ただし、この時の任官は実現しなかったらしい。また、木曾義仲《きそよしなか》が北陸道から京都に向けて進軍した際には、平氏軍の一員として活動している。寿永二年（一一八三）五月、加賀国篠原《しのはら》での合戦で、畠山重能・小山田有重は「三百余騎」を率いて義仲軍と対戦したのである（『覚一本《かくいちほん》平家物語』）。

この後、重能・有重兄弟は平氏から暇を得て東国に下るが、重能の活動はまったくわからなくなる。それに対して、小山田有重は子息重成・有重とともに、頼朝の権力拡大にあたって重要な役割を果たすことになる。

元暦元年（一一八四）、頼朝は甲斐源氏の有力者一条忠頼《いちじょうただより》を営中で暗殺した。この出来事は『吾妻鏡』元暦元年六月一六日条に収載されているが、実際は四月二六日のことであったことが明らかにされている（金沢一九八八・二〇〇三）。討っ手は、工藤祐経《くどうすけつね》・天野遠景《あまのとおかげ》・鮫島宗家《さめじまむねいえ》・稲毛（小山田）重成・榛谷重朝・結城朝光らであり、小山田有重も同席していた。討っ手に指定されていた工藤祐経は忠頼に酌をしようとしたが、動揺が表情に出てしまった。これを見た有重は「このようなお酌は老者の役とすべきです」と言って祐経と酌の役目を交代し、忠頼の暗殺に貢献した。

この出来事でも、小山田有重とその子息稲毛（小山田）重成・榛谷重朝が頼朝に登用されている。頼朝は、秩父平氏嫡流の重弘流（畠山流）の中で小山田有重父子をことさらに重用した。そして、小山田有重父子もその信任に応えている。小山田有重父子は、重忠を警戒する頼朝の姿勢を察知し、それに便乗して奉仕を重ねたのである。

小山田有重父子の台頭は、畠山氏の権益にも影響を与えたと思われる。武蔵国稲毛荘の支配を小山田氏が主導するようになったのである。重忠の従兄弟である稲毛重成は、当初、「小山田三郎重成」と呼ばれていた。しかし、元暦元年（一一八四）二月五日には「稲毛三郎」と呼ばれており、その後、「小山田三郎」・「稲毛三郎」の呼称が併用される。重成の呼称が「稲毛三郎」に統一されるのは、建久六年（一一九五）七月以降である（以上、『鏡』）。稲毛荘では、一一八〇年代を通じて小山田氏の力が伸張し、その支配は有重の子息重成が主導するようになったとみるべきである。稲毛荘における畠山氏の権益は、重忠の弟渋口六郎重宗が知行する渋口郷などに限定された可能性が高い。

鎌倉入りの先陣を任せられたのであるから、頼朝は重忠を秩父平氏嫡流の一角として重視していたことは確かであろう。しかし、その一方、頼朝は重忠を身近に置くことはなかった。頼朝と重忠の出会いは緊張感に満ちていた。そして、その緊張感は、頼朝が鎌倉に軍事権力を樹立した後も継続していたのである。

一方で、頼朝は重忠を完全に遠ざけていたわけではない。貫達人氏がすでに指摘しているとおり、頼朝は重忠が京都で培った文化的素養を愛していた（貫一九六二）。また、幕府行事などで重忠が排除された形跡も見いだせない。

重忠を厚遇する頼朝

元暦元年（一一八四）一一月六日、鶴岡八幡宮《つるがおかはちまんぐう》で神楽が挙行された。この時、鶴岡八幡宮別当（若宮別当）の円暁《えんぎょう》が郢曲《えいきょく》（流行歌）を得意とする惣持王という児童を京都から招いていたので、その歌を肴に宴席が設けられた。惣持王は笛を吹き、梶原平次景高が合奏し、歌も歌った。重忠も今様《いまよう》を歌った。頼朝はこの宴席に満足したという。この頃、平氏軍と鎌倉軍の戦いが西日本で展開していたが、重忠は東国に残っていたと考えられる。

平氏滅亡後に源義経は頼朝と仲違いし、没落する。そして、義経の妾静御前《しずかごぜん》が鎌倉に護送された際にも、重忠が音曲の才を発揮する場面がみられる。文治二年（一一八六）四月八日に、静は鶴岡八幡宮で舞と歌を披露させられた際、重忠は銅拍子を担当した。

幕府行事への出席では、文治元年一〇月二四日に行われた勝長寿院《しょうちょうじゅいん》の建立供養がまずあげられる。勝長寿院は頼朝の父義朝の菩提《ぼだい》を弔う寺院であり、その建立供養で重忠は「先随兵」一四名の先頭に選ばれている。また、文治三年八月九日に鶴岡八幡宮で掃除を行い馬場と埒《らち》を設営した際、重忠は、千葉常胤《ちばつねたね》・小山朝政《おやまともまさ》・三浦義澄《みうらよしずみ》以下の御家人らとともに参上している。

さらに、重忠は、この時期に武蔵国の最有力御家人になっている。そのきっかけは、頼朝と義経の仲違いであった。文治元年一一月一二日、河越重頼が義経の舅であったため、所領を没収されたのである。重頼の所領のうち、伊勢国香取五ヶ郷は武蔵の武士大井実春《おおいさねはる》に与えられ、残りは重頼の老母に預けられた。また、下河辺政義《しもこうべまさよし》も重頼の婿であったため、所領を没収された。重頼は文治三年一〇月五日までの間に誅殺《ちゅうさつ》された。おそらく、文治元年中に殺害されたと考えるのが妥当であろう（以上、『鏡』）。

重頼が保持していた武蔵国惣追捕使《そうついぶし》職には、重忠が就任したと考えられる。秩父平氏嫡流の族長の地位と、その聖地・本拠である平沢寺《へいたくじ》・菅谷《すがや》（・大蔵もか）、武蔵国惣追捕使職は、平治《へいじ》の乱《らん》で父重能が一時逼塞してから、畠山氏と河越氏が分け合う状況になっていた。重頼の死によって、重忠は秩父平氏嫡流の族長有資格者の筆頭となった。そして、重忠のもとで、平沢寺・菅谷（・大蔵もか）と武蔵国惣追捕使職をその手に収める秩父平氏嫡流の族長のあり方が復活したのである。

なお、河越重頼の失脚後、重忠は河越荘内に自身の権益を確保したか、河越荘内の現地勢力を自身の配下に加えたと考えられる（山野二〇一六）。平沢寺・菅谷の前を流れる都幾《とき》川《がわ》は入間《いるま》川水系であり、畠山・本田近辺を水源とする和田吉野川もまた入間川水系である。重忠は、河越重頼の誅殺を契機として、入間川水運へのアクセスを強化しようとしたのかもしれない。河越重頼が失脚した結果、重忠が勢力の拡大を実現したことは確かであろう。

また、重頼の死と重忠の武蔵国惣追捕使職就任は、鎌倉と武蔵を結ぶ交通体系のあり方にも影響を与えた。鎌倉から武蔵国中部・北西部を経て上野国に至る幹線ルートである鎌倉街道上道が、河越ではなく大蔵・菅谷を通るコースで整備されたのである。菅谷・大蔵から鎌倉に至るルートは、頼朝の軍事権力確立以前から、秩父平氏嫡流と河内源氏をつなぐ道として使用されていたと考えられる（川合二〇一〇A）。しかし、河越氏が平氏によって武蔵国惣追捕使に抜擢されてから、河越を通る東山道《とうさんどう》武蔵道の重要性が増していったと考えられる。そして、重頼の誅殺は、鎌倉と武蔵をつなぐ幹線ルートについての頼朝の政策を決定づけた。頼朝は、河越氏の本拠を幹線ルートから避け、重忠の本拠を幹線ルート上に位置づけたとみられる（落合二〇〇八、高橋一樹二〇一三）。

重頼の誅殺以後、武蔵国衙の運営を重忠が主導していたことは、文治五年の奥州合戦での重忠の動きからも推察できる。重忠は「疋夫」八〇人を連れて、奥州藤原氏の防衛線である阿津賀志山《あつかしやま》の二重堀の一部を埋めた（『鏡』文治五年七月一九日・八月七日条）。この時、重忠が率いていた「疋夫」が武蔵国の国衙機構を通じて動員されたという見解が出されている（埼玉県立嵐山史跡の博物館・葛飾区郷土と天文の博物館編「総合討論」二〇一二）。私もこの見解に賛同する。重忠は、河越重頼誅殺後、武蔵国惣追捕使職を継承し、武蔵国衙の運営に深く関わっていたのであろう。

以上のように、頼朝と重忠の関係は複雑である。頼朝は重忠を警戒する一方、その実力と文化的素養を評価していた。この二人の緊張関係が顕在化したのが、文治三年の重忠謀叛疑惑事件である。

文治三年の危機

文治三年（一一八七）六月二九日、頼朝の雑色《ぞうしき》である正光《まさみつ》が伊勢国に下向《げこう》した。重忠が地頭である伊勢国治田《はつた》御厨の代官の内別当真正《さねまさ》が、員部《いなべ》郡大領家綱の所従の宅を追捕し、資財を没収した。そのため、家綱が神人《じにん》を鎌倉に派遣して訴えたのである。正光が伊勢国に下向したのは、真正の罪科を糺明するためであった。

糺明の結果、頼朝が出した裁決は非常に厳しいものであった。九月二七日、重忠は囚人として千葉新介胤正《たねまさ》（常胤の嫡子）に預けられたのである。重忠は「代官の行いについては事情を知りませんでした」と謝罪したが許されず、所領四ヶ所を没収された。一〇月四日、千葉胤正は「重忠が召し籠められて既に七日を過ぎました。この間、（重忠は）寝食をともに絶っています。（今に至るまで）ついにまた言葉を発しません。今朝胤正が言葉を尽くして食事を勧めても応じません。顔色もようやく変わってきました。（重忠は）この世のことをほとんど思い切っているのではないかと見たところです。早く許してやって下さい」と訴えた。頼朝は大きく心を動かされ、すぐに重忠の赦免を決めた。胤正は走り帰り、重忠を連れて参上した。

重忠は里見義成《さとみよしなり》の座の上に着いて、傍輩に「新恩の所領をいただく時は、まず力量のある代官を求めるべきである。そのような者がいなければ、その地をいただくべきではない。重忠は清廉を心がけることについて、大きく他人を超えていると自負していたが、真正《さねまさ》の不義によって恥辱に遭った」と語った後、座を起ち、すぐに武蔵国に下向した。

この重忠の行動が謀叛疑惑を招くことになる。一一月一四日の夜、梶原景時《かじわらかげとき》が、頼朝に「重忠が『重科を犯したわけでもないのに拘禁されたことは、（これまでの）大功を棄てられたようなものだ』と主張して武蔵国菅谷館に引き籠もり、謀叛を起こそうという風聞があります。しかも、今、重忠の一族はことごとく在国しており、状況と噂は符合していま す。（このことについて）どうしてお考えをめぐらされないのでしょうか」と報告した。これを受けて、頼朝は翌朝に、小山朝政・下河辺行平《しもこうべゆきひら》・結城朝光《ゆうきともみつ》・三浦義澄・和田義盛《わだよしもり》らを集めて「使者を派遣して事情を問うべきか、はたまたすぐに討っ手を遣わすべきか。この二ヶ条について考えて申せ」と命じた。そこで結城朝光が「重忠はもとより廉直な性格であり、道理もわきまえています。決して謀計など考えてはいません。ですから、今度の御処罰についても代官の罪であると認めたのです。その上、伊勢神宮の照覧をことに怖れているので、(伊勢神宮領の地頭解任を)まったく恨みには思っていないのではないでしょうか。謀叛のことはきっと間違いです。専使を派遣して、その心をお確かめになるべきです」と言った。他の者も賛成したという。

使者には重忠の「弓馬の友」である下河辺行平が選ばれた。行平は一七日に重忠の館に行き、事情を重忠に話したところ、重忠は謀叛の疑いをかけられたことに激怒した。また、頼朝が行平を派遣した真意は自身を誅殺するためだと思い、自害しようとした。行平はその手をとって「貴殿はウソはつかないと自ら述べている。私もまた誠心の者であり、心が公にあること、なんで貴殿と異なるであろうか。貴殿を誅殺するつもりならば、それを怖れるべきではないので、謀計を用いることはない。貴殿は将軍(平良文《たいらのよしふみ》)の子孫である。行平も(藤原秀郷以来の)四代の将軍の子孫である。殺すつもりならば、それを明らかにして貴殿と戦うのが面白いではないか」と説得し、重忠を鎌倉に連れて行った。そして、鎌倉に参上した重忠は、梶原景時を通じて自身の思うところを率直に述べ、頼朝と和解した(以上、『鏡』)。

さて、この謀叛疑惑で、頼朝は重忠を即座に追討することを選択肢に入れていた(貫一九六二）。梶原景時の通報を受け入れたことからみて、頼朝は、赦免を受けた重忠が即座に武蔵国に帰ったことに疑念を持っていたのであろう。頼朝は重忠をやはり警戒していたのである。

一方、即座に武蔵国に下国した重忠の行動も、不満の表明と受け取られる余地がある。重忠に謀叛を起こすつもりはなかっただろうが、頼朝の処置に不満を持っていたことは十分に考えられる。そして、プロローグで紹介した重忠の陳弁を思い出していただきたい。謀叛疑惑を収束させた重忠の陳弁は、頼朝への忠誠を明言していたが、同時にその忠誠が自身の選択に基づくこと、起請文《きしょうもん》の提出を促す景時（ひいては頼朝）への批判も隠していない。重忠の行動・発言には、頼朝の意向を忖度しない自立性を見いだすことができる。

頼朝に屈しない武士たち

重忠のように、頼朝に対して自己の自立心を隠さない武士のエピソードがいくつか『吾妻鏡』に収載されている。それらを紹介して、重忠との比較をしてみよう。

①　上総広常

上総広常《かずさひろつね》は、重忠と同じ良文流平氏であり、さきにふれたとおり両総平氏の族長である。養和元年（一一八二）六月一九日、頼朝が納涼のため三浦に遊びに行った際、広常も参会した。頼朝に対して広常は馬上から礼をしたので、三浦義連《みうらよしつら》が「下馬するように」と注意した。しかし、広常は「公私三代の間、そのような礼をしたことはない」と言ったという（『鏡』同日条）。また、頼朝は建久元年（一一九〇）に上洛して後白河院《ごしらかわいん》に会った際、広常が「なんで朝廷のことをみっともないほどお気になさるのですか。ただ坂東《ばんどう》で（どっしり）構えていれば、誰が（頼朝殿を）引き動かしましょうか」と発言するなど、好ましからぬ人物であったため、広常を誅殺したと説明している（『愚管抄』第六）。

頼朝が上総広常を殺害したのはその勢力を危険視したからである。したがって、右のエピソードは、頼朝が広常殺害を正当化するために喧伝したものであったか、『吾妻鏡』の逸話に関してはのちの潤色であった可能性がある。だが、東国の武士社会で、広常が頼朝に対して自立性を顕示してもおかしくない個性と勢力を持っていたとみなされていた、と考えることはできるであろう。

② 城長茂

城長茂《じょうながもち》は平貞盛の養子「余五将軍維茂」の子孫である。城氏は、奥州藤原氏と同じく「御館《みたち》」（国司に匹敵する有力者への敬称）と呼ばれるほどの勢力を、越後《えちご》国北部と陸奥《むつ》国会津に形成していた。頼朝の勢力が北陸道に伸張する過程で城氏の所領は没収され、長茂も梶原景時に囚人として預けられていた。

長茂がプライドの高さを発揮したのは文治四年（一一八八）九月一四日のことである。

頼朝の師僧で熊野の僧定任が鎌倉にやってきた際、定任はやはり檀那《だんな》である長茂を御家人に加えるよう、頼朝に頼み込んだ。そこで、頼朝は長茂を御家人とすることを受け入れた。御所の御簾《みす》のなかで頼朝と定任が世間の雑事を話し、重忠・景時をはじめとした御家人が二列に居並ぶ中を、長茂は水干《すいかん》と立烏帽子《たてえぼし》という姿で通り、御簾の前にある横敷《よこしき》（主人が座る横に敷いた畳）に着座した。頼朝は何も言わず、定任は顔を赤らめた。景時が「そこは二品（源頼朝）がお座りになるところだ」と長茂に言ったところ、長茂は「知らなかった」と言って座を立つと即座に退出していったという（『鏡』同日条、高橋一樹二〇一四など）。

③　小山政光

小山《おやま》氏は鎮守府将軍藤原秀郷《ふじわらのひでさと》の子孫であり、その初代は大田行光の子息の一人で、下野国の有力在庁の小山政光《まさみつ》である。政光は頼朝挙兵の際に在京しており、その妻寒河尼《さんがわに》（頼朝乳母）の判断によって、小山一族は北関東の武士団のなかで最も早く頼朝方に属した（野口一九八二・二〇一六Bなど）

奥州藤原氏追討のために奥大道を北上した頼朝は、文治五年七月二五日、下野国古多《こた》橋駅《ばしのえき》に宿をとり、小山政光から駄餉《だこう》（食事）の献上を受けた。この時、頼朝が連れていたのが熊谷直実《くまがいなおざね》の子息直家《なおいえ》であった。政光は「何者ですか？」と頼朝に尋ねた。頼朝は「本朝無双の勇士、熊谷小次郎直家だ」と答えた。政光の子息である結城朝光は「何事によって『無双』と呼ぶのですか？」と聞いた。頼朝は「平氏を追討した時、一の谷以下の戦場で父子ともに命を棄てて戦ったことが度々に及んだからだ」と答えた。これを聞いた政光は大いに笑って「主君のために命を棄てることは勇士の志すところです。なんで直家に限るでしょうか。ただ、このような者どもは振り返っても従う郎従がいないので、自ら勲功を励み、その名を揚げるのです。政光のような者は、ただ郎従を遣わして忠節を尽くすばかりです。それでは、今度は自ら合戦を遂げて『無双』のお言葉をいただきなさい」と子息の朝政・宗政《むねまさ》・朝光と猶子《ゆうし》の吉見頼綱《よしみよりつな》に命じたという（『鏡』同日条、細川二〇一二、高橋修二〇一四）。

上総広常・城長茂・小山政光には三つの共通点がある。一つ目は、さきに示したとおり、頼朝の意見や権威にとらわれない自己主張をしている（もしくはそのようにみなされていた）ことである。二つ目は、自他共にみとめる大武士団の長であるという実力である。三つ目は、「将軍」と呼ばれた武士を始祖に持つという武士社会での血筋の良さである。

そして、この三つの共通点は重忠にも当てはまるのである。『吾妻鏡』をはじめとした諸史料で、重忠は率直で裏表のない武士として描かれている。このような重忠の人格描写は事実を反映していると思われる。ただ、重忠の誠実・率直な言動と人格は、秩父平氏嫡流の勢力と血筋への自負に支えられていた面もまた認めるべきであろう。

これまで、重忠が頼朝と緊張関係にありながら、その高い家格と勢力、音曲の才などを高く評価されてきた様相を描いてきた。では、頼朝権力下の武士、武士団の長として、重忠はどのように行動したのであろうか。

畿内における鎌倉軍の合戦と重忠

頼朝権力下で、重忠が従軍したことがほぼ確実な合戦は、寿永二年（一一八三）一二月の木曾義仲追討戦、同三年二月の平氏軍との戦い（生田《いくた》の森・一《いち》の谷合戦《たにかっせん》）と文治五年（一一八九）の奥州合戦《おうしゅうかっせん》である。

なお、『延慶本平家物語』・『源平盛衰記《げんぺいじょうすいき》』では、重忠が元暦二年（一一八四）二月の屋島の戦いに従軍したことを記している。一方、『吾妻鏡』を検索すると、重忠が鶴岡八幡宮神楽の後に京都の歌い手とともに歌を披露した元暦元年一一月六日の記事以降、文治元年一〇月二四日に行われた勝長寿院供養の記事（重忠は頼朝の随兵の先頭を勤める）まで、重忠が見いだせない。したがって、『吾妻鏡』の記事からは、元暦元年一一月七日から文治元年一〇月二三日までの重忠の動静がわからない、ということになる。この間に行われた屋島《やしま》の戦い、壇ノ浦《だんのうら》の戦いに重忠が参戦した可能性はあるが、詳細は不明であるといわざるをえない。

したがって、畿内・西国《さいごく》における鎌倉軍の戦いのなかで、重忠の動静を追いかけることができるのは、現状では、木曾義仲追討戦から生田の森・一の谷合戦に至る畿内の合戦ということになる。

木曾義仲追討戦では、重忠は源義経軍に属している。義経の進軍ルートについては、伊勢↓伊賀↓宇治というルートを通ったという考え方と、近江《おうみ》国で兄の範頼《のりより》軍と分かれて宇治に至ったという考え方に分かれている。本書では、伊賀の武士が義経の進軍を受け入れた徴証があることをふまえて、義経軍は伊勢↓伊賀↓宇治というルートを通ったと考えておく（川合二〇〇四、清水亮二〇〇七など）。したがって、重忠もこのルートを通って宇治に到達したと考える。

義経軍は、義仲軍と戦うため、宇治川を渡ることになった。この時、重忠は自ら瀬踏みを申し出て、榛沢成清・本田近常・勢（瀬）山次郎・幅戸《くつと》太郎・丹党《たんとう》ら武蔵北西部の武士を率いて宇治川に入っていった（『源平闘諍録』）。なお、宇治川を渡るにあたって、重忠は「大洪水の時、たびたびかの角田川（利根川）を渡ったことがございました。いわんやこの河を見るに、かの角田河ほどは決してないでしょう」と言ったともされる（『延慶本平家物語』）。

宇治川に入った重忠は馬を射られて、徒歩立ちで渡河することになった。後ろを見ると重忠の烏帽子子である大串重親《おおぐししげちか》（季次）が流されている。重忠は重親をつかまえて向こう岸に投げ上げた。岸に上がった重親は「そもそも宇治川に一番に入ったのは畠山である。

向こう岸についたのは大串が先である」と宣言し、周囲の笑いを誘った（『源平闘諍録』）。この後、重忠は乗替《のりかえ》（予備）の馬に乗って義仲勢と戦った。重忠は「ここに駈けるのはいかなる人だ。名乗れ」と呼びかけたところ、「木曾殿の家の子の長瀬判官代重綱だ」と名乗った。重忠は「今日の軍神を祭ろう」と重綱を引き落とし、「頸ねぢきって」討ち取り、郎等《ろうどう》の本田近常の鞍にその頸を付けさせたという（『覚一本平家物語』）。

以上の経緯は『平家物語』諸本の記事を切り貼りするかたちで復元したものである。したがって、実際のところ、重忠がどのような戦い方をしたのかははっきりしない。しかし、重忠が義経軍に属していたこと、重忠が武蔵北西部の武士を中心とした軍勢を率いていたこと、畠山軍団が大河川の渡河を経験していた（とみなされていた）ことまでは、一応認めて良いと考える。

ちなみに、以仁王の乱で平氏軍の一員であった足利忠綱《あしかがただつな》は、「昔、秩父と足利が対立し、父足利（俊綱）が上野《こうずけ》国の新田入道（義重）を語らって搦手《からめて》に回った時、新田入道は『敵の秩父に船を壊されて、船が無かったからといってここでじっとしているようならば、弓箭を取る甲斐はあるはずがない。水に溺れて死ぬなら死のう』と言って利根川を五百余騎でざっと渡ったこともあった。そもそもこの河は利根川に勝りもせず、劣りもしないだろう。渡る人がいないならば、忠綱が渡ろう」と申し出て、宇治川の渡河を敢行し、以仁王《もちひとおう》・源頼政《よりまさ》を追撃したという（『延慶本平家物語』）。

右の記事から、秩父氏が新田氏・藤姓足利氏との間で、船の破壊、利根川の渡河をともなう戦いを経験していたことがわかる。この合戦が起こった時期は、新田《にった》義重《よししげ》と藤姓足利氏が対立関係に入る前の一二世紀前半であったことが指摘されている（田中二〇一五B）。この指摘に従うならば、足利忠綱が述べた「秩父」の候補者は、秩父《ちちぶ》重綱《しげつな》・重弘《しげひろ》・重隆《しげたか》および畠山重能の四人に絞られる。彼らのうちの誰が利根川の合戦に参加したか明確にすることは難しい。だが、重綱から重隆・重能に至る秩父平氏嫡流は、武蔵国北西部を本拠としており、動員した武士も本拠の近隣出身と考えられる。以上のことから、秩父平氏嫡流（とくに畠山氏）の率いる軍団は、大河川での戦いを経験済みであったと考えられる。

ついで重忠勢は、木曾義仲の滅亡後、西国における鎌倉軍と平氏軍の最初の対戦である生田の森・一の谷合戦（いわゆる「一の谷合戦」）に参加したと考えられる。『延慶本平家物語』・『源平盛衰記』によると、重忠は、この戦いで源義経の奇襲である「鵯越《ひよどりごえ》の坂落とし」に参加し、自身の乗馬を担いで急坂を下りたとされている。しかし、重忠が義経の軍勢には属していたものの、「鵯越の坂落とし」には参加していなかったことは、はやく貫達人氏が明らかにしている（貫一九六二）。

さらに、近年の研究は「鵯越の坂落とし」自体が虚構であったこと、合戦のあり方からみて、いわゆる「一の谷合戦」は「生田森・一の谷合戦」と呼称するべきであることを明らかにしている。

生田森・一の谷を主な防衛ラインとした平氏軍に対して、鎌倉軍の大手の大将源範頼《のりより》は山陽道を西進して生田森の防衛ラインを攻撃した。そして、搦手の大将である義経軍は丹波路を通って三草山《みくさやま》の平氏軍の防衛ラインを突破した後、三木《みき》で摂津《せっつ》国の惣追捕使（守護）多田行綱《ただゆきつな》軍と分かれて、行綱勢が鵯越を経由して山の手の防衛ラインに攻め懸かった。一方、義経軍は、印南野《いなみの》を経由して山陽道を東進して一の谷の防衛ラインに攻め懸かった。鵯越は急坂ではない山道であり、実際にこのルートを通ったのは現地の情勢に詳しい多田行綱であった。鎌倉軍の作戦行動は、摂津国の在地武士の協力を得ることで実行できたのである（以上、川合二〇〇七C、菱沼二〇〇五）。

この戦いで、重忠の郎等本田近常は平氏一門の平師盛《もろもり》を討ち取っている（『覚一本平家物語』）。師盛の首は甲斐源氏の有力者安田義定《やすだよしさだ》が獲ったことになっている（『鏡』寿永三年二月七日条）。貫達人氏は、このことから、重忠が安田義定の手勢に属していたことを明らかにしている（貫一九六二）。

以上の研究成果をふまえると、重忠とその配下は義経軍（安田義定勢）に属して、京都→三草山→三木→印南野→一の谷という順路で進軍し、平氏一門の平師盛を討ち取る軍功を挙げたことになる。さきに重忠が伊勢国内四ヶ所の所領を没収されたことを述べたが、それらの所領は、木曾義仲追討戦と生田森・一の谷合戦の軍功に由来するものだったのではないか。

奥州合戦と重忠

文治五年（一一八九）の奥州合戦は、源頼朝が奥州藤原氏を滅亡させ、治承～文治の内乱に終止符を打った戦いである。この合戦で重忠は先陣を勤めており、『吾妻鏡』・「島津家文書」などで、その軍事行動を跡づけることが可能である。

重忠は、七月一七日に、頼朝が率いる大手の軍勢の先陣を命じられた。同月一九日に頼朝の大手軍は鎌倉を出る。その際に重忠が率いた軍勢（おそらく主だった者たち）は以下のとおりである（『鏡』同日条）。

まず疋夫八十人が馬前にいた。（そのうち）五十人は一人につき征箭《そや》三腰を背負っていた〈雨皮《あまかわ》でこれを裹《つつ》む〉。三十人は鋤・鍬を持っていた。ついで引馬が三疋。次に重忠。次に従軍が五騎。いわゆる長野三郎重清・大串小次郎（重親）・本田次郎（近常）・榛沢六郎（成清）・柏原太郎らがこれである。

さきにも述べたとおり、重忠が率いていた疋夫は工兵隊であり、彼らは武蔵の国衙機構を通じて重忠が動員したものと考えられている。そして、重忠の「従軍五騎」は、弟の長

図15　阿津賀志山二重堀（福島県国見町．川合康氏撮影）

野重清・大串重親（横山党《よこやまとう》）・本田近常・榛沢成清（丹党）・柏原《かしわばら》太郎（丹党）の面々であった。長野重清の名字の地はさきに述べたとおり埼玉郡長野（埼玉県行田市長野周辺）、大串重親の名字の地は吉見郡大串郷（比企郡吉見町大串）、本田近常の名字の地は男衾《おぶすま》郡本田郷（深谷市本田）、榛沢成清の名字の地は榛沢《はんざわ》郡榛沢郷（深谷市榛沢・後榛沢）、柏原太郎の名字の地は高麗《こま》郡柏原（狭山市柏原）であり、柏原太郎を除くと武蔵国北西部の武士である。柏原太郎の所領は武蔵国中部にあるが、その出自は丹党であり、秩父平氏嫡流とは縁が深い。この記事からも、重忠の軍団の中核が武蔵国北西部の武士たちであったことがわかる。

頼朝軍は奥大道を北上し、七月二五日に下野国古多橋駅、二八日に新渡戸駅《にとべのえき》に入り、二九日に白《しら》河関《かわのせき》を越えて陸奥国に入った。そして、八月七日に陸奥国伊達郡の国見駅《くにみのえき》に入った。奥州藤原氏が築いた大防塁「阿津賀志山《あつかしやま》二重堀」のすぐ近くである。

奥州藤原氏は、阿津賀志山と国見宿の間に「口五丈の堀」（約一五メートルの堀）を構えていたという。この「口五丈の堀」は、阿津賀志山の麓に現存する堀・土塁の幅におおむね対応している（川合二〇一〇B）。この防塁を守る総大将は、奥州藤原氏の当主泰衡《やすひら》の庶兄西木戸太郎国衡《くにひら》、彼を補佐するのが金剛別当秀綱《こんごうべっとうひでつな》父子である。「明日の朝、国衡勢を攻撃するぞ」と頼朝は主立った武将に内々言い含めていた。そこで、重忠が連れてきた疋夫八〇人を動員して、用意した鍬・鋤で土石を運ばせ、堀を埋めたという。

阿津賀志山をめぐる攻防の戦端は、頼朝の意思通り八月八日に開かれた。九日に開かれた軍議では、翌一〇日の朝に阿津賀志山を越えて国衡勢と合戦を行うことが定められたが、三浦平六義村《よしむら》・葛西三郎清重・工藤小次郎行光・同三郎祐光・狩野五郎親光・藤沢五郎清近・河村千鶴丸の七騎が先陣である重忠の陣をこっそり越えて、先駆けの功を狙った。これに気づいた榛沢成清が「今度の合戦は先陣を承りました。抜群の名誉です。しかし、傍輩が先陣を争っているのをみて、座を温めていられますか？　早く彼らの前途をふさぐか、そうでなければ、このことを（頼朝殿に）訴えて、（彼らの）狼藉を止めて、（重忠殿が）この山を越えられるべきです」と重忠に進言したという。それに対して、重忠は「それはいけない。たとえ他人の力によって敵を退けたとしても、すでに重忠が先陣を承った以上は、重忠が向かう前に起こった合戦はみな重忠一身の勲功になるのだ。先駆けをしようとする者たちを妨げるのは、武略の本意ではない。また、ひとりで賞を得ようとするようなものだ。ただ、ぼんやりとしているように見せるのが神妙なことだ」と返答したという。

そして、一〇日に、頼朝軍は、国衡軍とまっこうから対戦し、勝利を得た。和田義盛は国衡を追いかけ、「馬を返して、対戦しよう」と呼びかけた。国衡はそれに応じて名乗りを上げた。義盛が放った矢は国衡の鎧の射向《いむけ》（左側）の袖を貫き腕に当たった。義盛が二の矢を構えたところに、重忠の率いる「大軍」が義盛と国衡の間に割って入った。重忠の配下である大串次郎重親が、馬が深田にはまり、動けなくなった国衡を討ち取った。

重忠は大串から国衡の首を受け取り、翌一一日、頼朝に献じた。これに対して和田義盛が「国衡は義盛の矢にあたって命を失ったのです。重忠の勲功ではありません」と抗議した。重忠は大いに笑って「義盛の言い分はすこぶる曖昧というべきです。討ち取ったという証拠は何なのですか。重忠は首を獲って持参したのですから、（私の勲功に）疑いはないでしょう」と反論した。義盛は、「首を重忠が持参したのは勿論のことです。ただし、国衡の鎧はきっとはぎ取っているのではないですか。それを召し出して実否をお決めになるべきです。その理由は、大高宮の前の田の中で、義盛と国衡は弓手《ゆんで》に向かい合い、義盛が射た矢が国衡に当たったからです。その矢の穴は鎧の射向の袖の二三枚ほどのところにあるはずです。鎧の毛（＝糸）は紅です。馬は黒毛です」と具体的に言い返した。頼朝が国衡の紅威《くれないおどし》の鎧を召し寄せて検分したところ、ほぼ義盛の言うとおりであった。頼朝は重忠に「国衡に対して矢を発しなかったのか？」と尋ねた。重忠は「矢は放っておりません」と答えた。頼朝は、義盛の言い分が国衡の鎧の様とほぼ一致することから、義盛の勲功を認めた。しかし、重忠は偽証の罪を問われなかった。重忠勢は、重忠の郎従が先に進んでおり、重忠は後ろにいて国衡があらかじめ矢に当たっていたことは一切知らなかった。そして、大串重親が国衡の首を持参した時も、重忠は、大串が国衡を討ち取ったと理解していた。頼朝はこのような経緯や重忠の廉直な人柄を認め、重忠が勲功を偽ったわけではない、と不問に付したという。

この後、頼朝は八月一二日に多賀国府に到着し、一三日まで逗留した。そして、藤原泰衡軍と戦うため、一四日には多賀国府を出て玉造《たまつくり》郡に向かった。この時、先発隊が国府近くの物見岡で泰衡方の軍勢と戦い、勝利した（以上、『鏡』）。次の史料は、この間に頼朝が重忠に出した軍事指令である（『鎌倉遺文』四〇一号）。

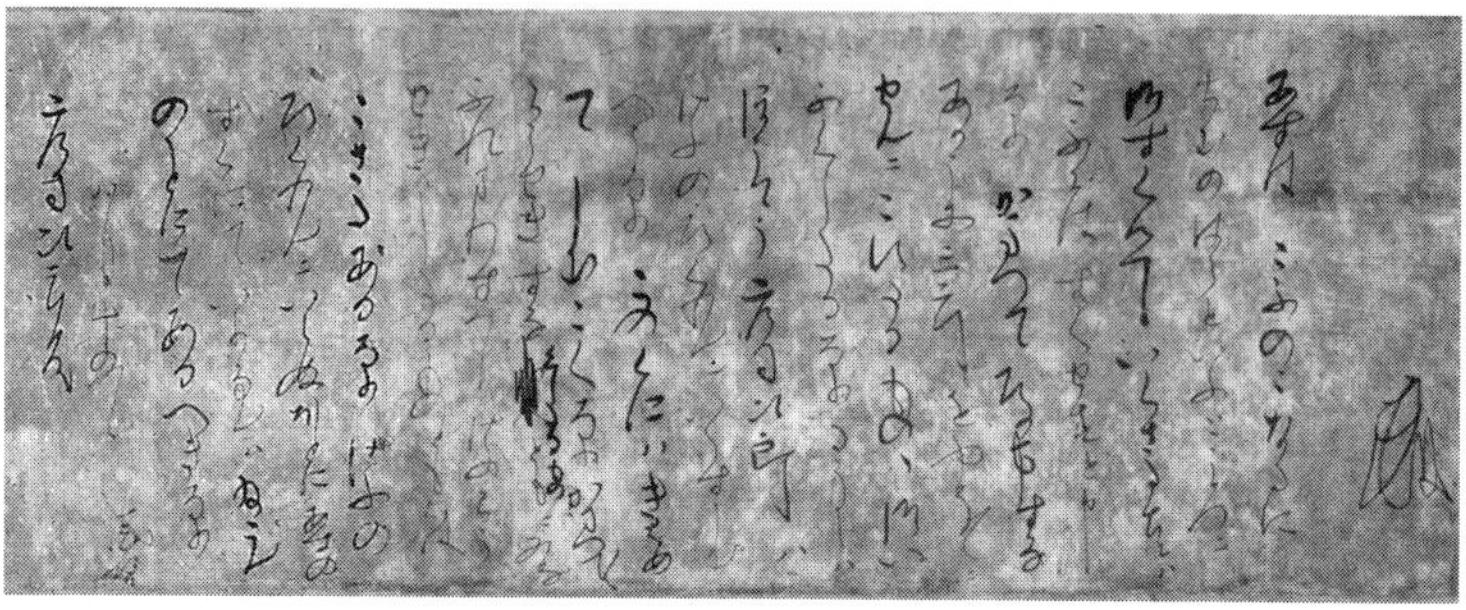

図16　「島津家文書」（文治５年）８月15日源頼朝御教書
（東京大学史料編纂所所蔵）

〈釈文〉

（花押《源頼朝》）

あす《明日》は、こふ《国府》のこなた《此方》にちむ《陣》のはら《原》といふところニ御すく《宿》候へし。いくさ《兵》たちニハこふ《国府》にはすく《宿》せすと申なり。かまへ《構》てひか《僻》事すな。あかうそ《赤宇曾》三郎を、やう〱《漸》ニせん《先》ニこひ《請》たるもの、ついふく《追捕》したるなり。たうし《当時》ハほうてう《北条》・庄司次郎《畠山重忠》ハけふ《今日》のひくわん《非勘》ニいら《入》す。しむへう《神妙》なり。このくに《国》ハきはめ《極》てしむこく《神国》なり。かまへ《構》て〱らうせき《狼藉》すな。御人《くしたるもの》ともニみなふれ《触》まわ《廻》すへし。けふ《今日》らうせき《狼藉》したるものともはこさ《ゝゝ》た《御沙汰》あるなり。けふ《今日》のひくわん《非勘》ニいら《入》ぬほと《程》に、あす《明日》のすく《宿》にていり《入》なんハゐこん《遺恨》のこと《事》にてあるへきなり。

八月十五日　盛時《平》奉

庄司次郎殿

〈現代語訳〉

（花押）（源頼朝）

明日は国府のこちら側の陣の原というところに泊まるであろう。兵たちには国府に泊まってはならないと命じる。けっして間違ったことをしてはならない。赤宇曾三郎が、ゆるゆると、まず降伏してきたが追捕した。いま、北条（時政カ）・庄司次郎（畠山重忠）は、今日、非道なことをした者のなかに入っていない。神妙である。この国はとくに神国である。決して狼藉をしてはならない。引き連れた者たち皆にふれ伝えよ。今日狼藉をした者は処罰する。今日非道なことをした者のなかに入っていないが、明日泊まった所でそのなかに入ったならば、遺恨に思うことである。

八月十五日　盛時（平）奉《うけたまわ》る

庄司次郎殿

右の史料は難解だが、頼朝が国府近辺の陣の原に泊まること、奥州藤原氏の郎従赤宇曾三郎を討ったこと、兵たちに狼藉を厳禁することを、頼朝が重忠に伝えたものと解釈したい。この史料は、重忠の死後、その姻戚である島津氏に伝えられたと推測され、現存する重忠宛の文書として貴重である（遠藤二〇〇一、山野二〇一七B）。

「赤宇曽三郎が、ゆるゆると、まず降伏してきたが追捕した。」と現代語訳した部分の原文は「あかうそ《赤宇曾》三郎を、やう〳〵《漸》ニせん《先》ニこひ《請》たるもの、ついふく《追捕》したるなり」と読める。この文からは、右の現代語訳のほか、「赤宇曾三郎を、まさしく（我が軍のなかで）先に（「討ちたい」と）請い申した者が追捕した」という訳も成り立つ。傍証史料が見いだせないこともあり、以上の二つの現代語訳のいずれが正しいか判断は難しい。確実にいえそうなことは、出羽《でわ》国赤宇曾郷の武士と思われる赤宇曾三郎が奥州藤原氏の郎従であったこと、彼が鎌倉軍に討たれたことという二点である。

　この文書の日付は八月一五日であり、頼朝が多賀国府を出て玉造郡に向かった時の史料と考えられる。重忠は物見岡で泰衡方の軍と戦った先発隊に属していたと思われ、国府に戻って宿陣しようとしていた可能性が高い（遠藤二〇〇二）。

　頼朝は、「この国は特に神国である。けっして狼藉をしてはならない。引き連れている者たち皆にふれ伝えよ」と重忠に命じている。先発隊が重忠の手勢のみでないことは、北条（時政か）の名が記されていることからも明らかである。したがって、重忠には、自身の郎従にとどまらない先発隊の全員に頼朝の意思を伝達することが期待されていたといえる。重忠は、単に一番に戦端を開く役回りではなく、先発隊の軍事行動を統御する役割を期待されていたのである（山野二〇一七B）。

　この後、頼朝は八月二〇日に玉造郡に到達する。頼朝は、重忠・北条氏や「武蔵国党々」らの先発隊に向けて、二一日には平泉《ひらいずみ》に入ることを厳命し、軍勢二万騎をそろえて慎重に攻め入ることを命じている（『鏡』文治五年八月二〇日条、『鎌倉遺文』四〇二号）。

頼朝軍は二一日に平泉に到達し、奥州藤原氏の軍勢を破った。頼朝は二二日に平泉館に入り、平泉に残された珍宝を御家人たちに分配した（以上、『鏡』）。そして頼朝軍は、前九年合戦の故事にならって藤原泰衡の首を岩井郡でさらすため、北上した。重忠も頼朝に随行し、九月六日には家人の河田次郎に殺害された藤原泰衡の首を梶原景時・和田義盛とともに実検し、翌七日には囚人由利《ゆり》八郎を怒らせた梶原景時に代わって、由利の尋問を担当している。貫達人氏は、これらの事例から重忠が侍所の寄人《よりうど》であった可能性を示唆している（貫一九六二）。私も重忠が侍所の寄人であった可能性は高いと考えている。

以上、奥州合戦における重忠の軍事行動を跡づけてきた。この合戦では、重忠が東国最有力武士の一角をなしていたことが明らかになる。読者の皆さんには、小山政光が熊谷直家を嘲った時に述べた「政光のような者は、ただ郎従を遣わして忠節を尽くすばかりです」というセリフを思い出していただきたい。西木戸国衡が戦死した際、重忠は「大軍」を率い、郎従を先に進ませていたため、門客の大串重親が国衡の首を取った経緯を把握していなかった。そして、重忠は郎従・門客が得た勲功は自身の勲功になると認識していたのである。このような重忠のスタンスは、小山政光の発言と酷似している。

後年のことになるが、梶原景時が失脚した際、景時が川の橋を落として防戦しなかったことについて、重忠は「急に事が起こったので、堀を掘って橋を落とす計略は出来なかっただろう。難しかったのではないか?」と言った。この発言は、安藤右宗《すけむね》から「畠山殿はただ大名であるばかりだ。橋を落として城郭を構える方法を知らないのではないか。近隣の小屋を壊して橋の上に乗せて火をつければ焼け落ちる。簡単なことだ」と論破されている(『鏡』正治二年二月六日条)。重忠は郎従・門客を駆使して合戦を遂げる「大名」であり、個別具体的な軍事行動については彼らに任せていたのである(以上、細川二〇一二)。

重忠の妻と子

重忠の妻として現在明らかになっているのは、足立遠元《あだちとおもと》の息女(『鏡』元久二年六月二二日条)と北条時政《ほうじようときまさ》の息女である(『鏡』元久二年六月二一日条)。畠山氏関係の諸系図によると、重忠の子息として、六郎重保《しげやす》・小次郎重秀・五郎清重・十郎時重・重清・重慶《ちようけい》・円耀《えんよう》が見いだされる。清重と重清は同一人物の可能性があるが、さしあたり別人として併記しておく。

「佐野本系図　秩父」によると、六郎重保の傍注に「母北条時政女」と記されている。この記事と、実朝《さねとも》室となる坊門信清《ぼうもんのぶきよ》息女を京都に迎えに行く使者の一人として重保が起用されていること(『鏡』元久元年一〇月六日条)などから、重忠の嫡男は北条時政息女を母とする六郎重保とするのが通説である(貫一九六二)。

図17　畠山重忠の妻・子女関係系図

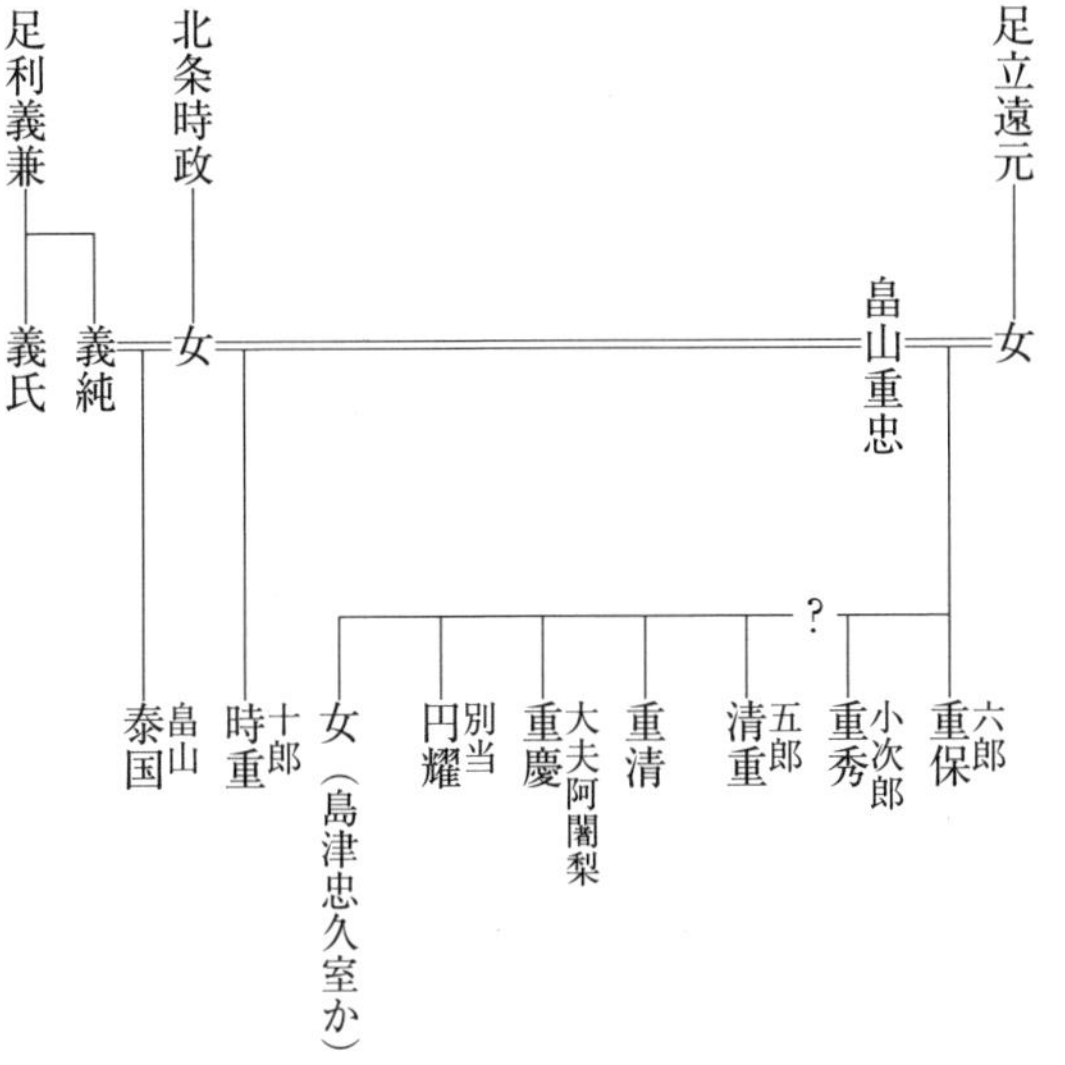

＊『吾妻鏡』・「足立系図」・「佐野本系図　秩父」・「畠山系図」・「中条文書」所収「桓武平氏諸流系図」・「指宿文書」所収「平姓指宿氏系図」より作成。

それに対して、畠山氏関係の諸系図で長男の位置に重保が記されていること、「足立系図」における足立遠元息女の注記に「畠山次郎平重忠妻なり。六郎重保・小次郎重末等の母なり」とあること、「中条家文書」所収「桓武平氏諸流系図」における畠山重保の注記に「母足立左衛門遠光（元）女」とあることなどから、「時」字を実名に冠する時重を北条時政息女の子息、嫡子重保・重秀らを足立遠元息女の子息とする見解も出されている（菊池紳一二〇一二）。

　これらの所説には、いずれもそれなりの論拠がある。正直判断に迷うが、本書では、嫡子六郎重保を足立遠元息女から生まれた嫡子と考えたい。

　足立遠元の本領武蔵国足立郡は、荒川と

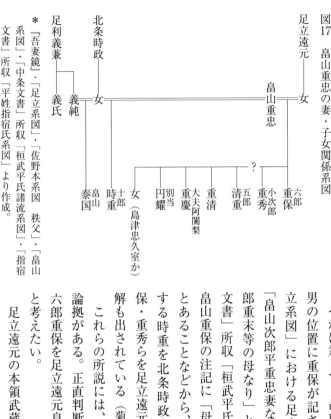

入間川に挟まれた巨大な郡である。荒川水運・入間川水運双方にアクセスする勢力圏を形成していた畠山氏にとって、足立氏との連携は重要であったであろう。小次郎重秀が生まれたのは、重忠が二〇歳であった寿永二年（一一八三）のことである（『鏡』元久二年六月二二日条）。したがって、重忠と足立遠元息女の婚姻は寿永元年以前に行われたと考えられる。重忠は一七歳の時に父重能と敵味方に分かれているので、重忠と足立遠元息女の婚姻を主導したのが重忠本人であったか、重忠の父重能であったか確定することは難しい。

一方、重忠が北条時政の息女を娶ったのは治承四年（一一八〇）一〇月以降と考えて間違いない。さきに述べたとおり、平家のもとを去り、東国に戻ってからの重能の動静は不明である。北条時政息女との婚姻は、重忠自身が関わって成立したと考えたい。

なお、北条時政は、重忠だけでなく、重忠の従兄弟である稲毛《いなげ》重成《しげなり》にも息女を嫁がせている。時政は、秩父平氏嫡流に属する畠山流との関係を密にすることで、自己の支持基盤の拡大を目指したと考えられる。そして、時政と重忠・重成が姻戚となることは、頼朝の望むところでもあったのではないだろうか。時政を媒介にして、畠山重忠・稲毛重成は頼朝の義兄弟となったのである。これまでの諸研究でもつとに指摘されてきたように、頼朝が鎌倉の後背地である武蔵国を掌握するためには、秩父平氏嫡流を掌握することが必要だったのであろう。

また、重忠は島津氏と婚姻関係を結んでいたと考えられる。「佐野本系図　秩父」では、重忠の息女の一人に「島津豊後守忠久室」という注記を付している。島津忠久は重忠より年長だったと考えられているので、忠久自身と重忠息女が婚姻関係を結んだとは即断できない。しかし、重忠の発給文書・受給文書が島津氏の家伝文書「島津家文書」中に伝来し、重忠の遺領の一部を島津氏が継承していることからみて、畠山氏と島津氏が婚姻関係を結んでいたことは疑いない（山野二〇一七Bなど）。

頼朝権力下における畠山重忠の位置

これまで述べてきたとおり、頼朝と重忠の関係は、文治三年の謀叛疑惑事件までは緊張感に満ちたものであった。この謀叛疑惑事件以後、頼朝と重忠の緊張関係を明示する事例は見いだせない。しかし、重忠が鎌倉幕府政治の中枢にいたとはいえない。

高橋慎一朗氏は、頼朝期の「宿老《しゅくろう》」として千葉常胤（一一一八年生まれ）・上総広常・三浦義澄（一一二七年生まれ）・土肥実平《どひさねひら》・小山朝政（一一五五年生まれか）・三善康信・岡崎義実《おかざきよしざね》（一一一二年生まれ）・足立遠元・安達盛長《あだちもりなが》を検出している。彼らの多くは東国有力武士であり、幕府初期の宿老は、頼朝を軍事的・経済的に支えた重臣であった（高橋慎一朗二〇〇二）。

小山朝政は、文治二年（一一八六）一二月一日の時点で「宿老」と呼ばれている（『鏡』

同日条）。小山朝政は「宿老」のなかでは最も若いが、小山氏という名門武士の家の嫡子であるために、その地位に列したのであろう。重忠は朝政よりおそらく九歳若く、文治二年の時点では年少であったために「宿老」に入らなかったとも考えられる。しかし、重忠が「宿老」に列した事実を確認できないことは重視すべきである。重忠は「宿老」には選ばれなかったと考えるのが素直な解釈であろう。

また、重忠は、頼朝に近侍してその施策を実行する「昵近衆」にも入っていない。すなわち、重忠は、謀叛疑惑事件以降も、頼朝の最も信頼する御家人たちの中に加えられなかったのである。

一方、頼朝権力下における重忠の地位自体は高かった。頼朝は、一門とそれに准じる門客・門葉を幕府内の最上位とし、その下に鎌倉で出行に供奉する御家人（鎌倉内供奉《ぐぶ》衆）を位置づけた（菱沼二〇一二）。重忠は鎌倉内供奉衆に位置するが、その座次は門葉（源氏一門）である里見義成より高かったと考えられる（『鏡』文治三年一〇月四日条）。また、城長茂を頼朝が引見した際、重忠は「南一座」を占め、「北一座」の梶原景時と並んでいた（『鏡』文治四年九月一四日条）。『古今著聞集《ここんちょもんじゅう》』でも、重忠が頼朝御所の侍で「座上」に座っていたことを記しており、重忠は、御家人中でも高い座次にあったと考えられる（上杉二〇〇二）。

また、よく知られているように、重忠は頼朝出行の行列では先陣随兵を多く勤めている。とくに頼朝の鎌倉入り（『鏡』治承四年一〇月六日条）、奥州合戦における頼朝直轄軍の出陣（『鏡』文治五年七月一九日条）、二度にわたる頼朝の上洛（『鏡』建久元年一〇月二・三日、一一月七日条、建久六年二月一〇日・一四日条）といった、幕府政治の重要な節目で先陣を勤めている。

以上のことから、畠山重忠は、頼朝と一定の距離を持ち、幕府政治の中枢には参加しないものの、幕府有数の有力武士としての待遇を受けていたといえる。須藤敬氏は、頼朝と重忠の関係について、「建て前では頼朝に重用されていながら、ある距離が置かれている」と述べている。この指摘は正鵠を射ているといえるだろう（須藤二〇〇八）。

なお、野口実氏は、頼朝は随兵の選定にあたって「容儀神妙」を条件としていたことから、重忠が容姿・体軀・所作ともに優れていたであろうことを指摘している（野口二〇〇二A）。慈円《じえん》が「すべて庄司次郎（畠山重忠）を頼朝は一番に進軍させていた。（重忠は）優れた武者である」（『愚管抄』第五）、「重忠は武士としての望みをかなえ、第一の者と評判されていた」（『愚管抄《ぐかんしょう》』第六）と褒めていることからみて、重忠は先陣にふさわしい姿・所作を都の人々にも披露していたのであろう。

在地領主としての畠山氏

頼朝の武蔵国支配と有力武士

頼朝は平氏知行国《ちぎょうこく》であった武蔵国を自身の手に収めた。知行国主となった頼朝は、元暦元年（一一八四）六月に源氏一門の平賀義信《ひらがよしのぶ》を武蔵守に推薦して武蔵国支配を始めた。関東知行国（関東御分国《かんとうごぶんこく》）では、頼朝の家政機関である政所の職員が国務沙汰人となり、在庁官人を指揮して国衙行政を行うのが通常の方式であった。しかし、武蔵においては、政所職員が国務の多くを執行する一方で、国守平賀義信も国務の一部を分担した（以上、菊池紳一二〇一一）。

また、武蔵の武士については、頼朝が個々の武士を御家人として把握し、直属軍としていた（川合二〇一〇A、菊池紳一二〇一〇・二〇一一など）。ただし、武蔵の中小武士のうち、秩父平氏嫡流の面々や横山党などの大武士団の近隣に所領を持つ者は、彼らの影響を受けていたと考えられる。

たとえば、武蔵北西部の丹党・児玉党《こだまとう》などの武士は、重忠の影響を強く受けていた。建久四年（一一九三）二月九日、頼朝は武蔵国の丹党と児玉党が対立し合戦になりかかっているることを聞き、それを鎮めるよう、重忠に命じている。同月一八日、重忠は、丹党と児玉党の仲裁に入り、「両党和平」したことを頼朝に報告している（以上、『鏡』）。後述するが、丹党や児玉党の武士すべてが重忠の郎等だったわけではなく、重忠が、彼らの所領に対して領主権（徴税権など）を持っていた形跡もみえない。重忠は、丹党や児玉党の武士が分布する武蔵国北西部に影響力を行使したのである（菊池紳一二〇一〇）。

同じようなことは河越氏についてもいえる。河越重頼は、治承四年（一一八〇）八月に平氏方として出陣した時、「当国党々」を率いる立場にあったが、彼が主に引率していたのは、「金子・村山の輩」であった。「金子・村山の輩」とはいわゆる村山党と呼ばれる中小武士団であり、多摩郡北部から入間郡に分布していた。そして、重頼の本領である河越荘も入間郡内にあった。重頼もまた、自らの所領周辺の武士に影響力を行使したのである（菊池紳一二〇一〇）。

また、秩父平氏嫡流と同等の勢力を持っていた横山党は、多摩郡の摂関家領横山荘（船木田本荘）から甲斐《かい》国東部・相模国北部から中部にかけて、主に牧のネットワークや馬の運送ルートを掌握する過程で一族を広げ、所領を形成していた（網野一九九〇、菱沼一九九三、鎌倉二〇〇六など）。横山党については史料が少なく、彼らの影響下にあった中小武士を見いだすことが難しい。横山党嫡流の所領を含む船木田新荘内に名字を持つ西党《にしとう》の由《ゆ》比《い》氏・平山氏などがその影響下にあった可能性が高い。現状では、横山党構成員の所領が分布している範囲が、彼らの影響下にあったと考えておきたい。

頼朝は、秩父平氏嫡流の面々や横山党が形成していた地域への影響力を、武蔵国の統治にも活用していたと考えられる。さきにみたように、丹党と児玉党の紛争を畠山重忠に仲裁させたのは、その現れである。

すなわち、頼朝時代の武蔵国支配は、政所《まんどころ》―国務沙汰人と武蔵守が国衙在庁を指揮する行政的・統治的支配と、頼朝が各御家人を直接支配する主従制に基づく支配の二系統で行われていた。そして、この統治的・主従制的支配を補完していたのが、頼朝の御家人となった秩父平氏嫡流の面々や横山党嫡流が、自身の拠点の周辺に分布する中小武士団に影響力を行使するという関係性であった。

このような関係性は一二世紀を通じて形成されたものであり、おそらく平氏知行国時代の武蔵国支配でも、秩父平氏嫡流の面々・横山党嫡流が、所領周辺の中小武士団を統括することで、国内の秩序が維持されていたと考えられる。

畠山氏・河越氏・横山党の影響下にあり、彼らが、周辺の武士たちを動員して軍事的な主導権を発揮できた地域を「軍事的テリトリー」と呼んでおきたい。軍事的テリトリーは、多様な武士との共生（競合）関係を内包した、流動的な性質を伴うものであった。上野国新田《にった》氏の場合、共生関係にある武士たちに石材を供給し、彼らの結節点の場であった世良田宿《せらだしゆく》を掌握することで、求心力の確保と軍事的テリトリーの安定化を図ったことが指摘されている（以上、田中二〇一五B）。

では、畠山氏・河越氏・横山党の軍事的テリトリーは、どのような要素によって成り立っていたのであろうか。そこで、本書の主役である畠山氏を中心に、武蔵国の有力武士の軍事的テリトリーとそれを成り立たせる要素について具体的に述べていこう。

畠山氏の所領

武士の軍事的テリトリーの中核には所領がある。拠点となる所領があるからこそ、その周辺の武士と関わり、軍事的テリトリーを形成できるのである。したがって、重忠世代までの畠山氏の所領を確かめる必要がある。そこで、これまでの研究に学びつつ、畠山氏（重忠・重忠の兄弟）の所領を列挙する。

〈史料から推断できる武蔵国内の所領〉

①　武蔵国男衾郡畠山郷

すでに述べたとおり、畠山氏の名字の地であり、重能―重忠と継承された公領の郷と考えられる。

② 武蔵国男衾郡菅谷・平沢寺

菅谷については、重忠の館が「武蔵国菅谷館」・「小衾郡菅屋館」とされていることから間違いない（『鏡』文治三年一一月一五日・元久二年六月二二日条）。平沢寺は、菅谷館の北西約一・五キロの位置にあり、三間×三間という東日本で最大級の四面堂（阿弥陀堂か）と庭園を有する大寺院であったことが明らかにされている（嵐山史跡の博物館二〇〇六、村上二〇〇八など）。

③ 武蔵国男衾郡得茂々

重忠が滅亡した後、畠山氏の名跡を継承した源姓畠山氏の畠山義生が、父泰国から譲られた所領である（「両畠山系図」）。男衾郡に所在することからみて、重忠の旧領であったと考えられる（湯山二〇一二）。なお、得茂は承元三年（一二〇九）の国衙関係文書に「新得茂」として現れる（『鎌倉遺文』一八二五号）。その名称からみて、在庁名かもしれない。

④ 武蔵国埼玉郡長野

すでに述べたとおり、重忠の弟長野三郎重清の名字の地である。

⑤ 武蔵国橘樹郡稲毛荘

すでに述べたとおり、重忠の父畠山重能が立荘に関与したと推定される荘園であり、重忠の弟渋口六郎重宗の名字の地が荘内にある。

〈史料および状況証拠から推定できる武蔵国内の所領〉

⑥　比企郡大蔵

秩父重綱の後継者重隆の居館があった地であり、大蔵合戦後に畠山氏の所領になった可能性がある。『妙本寺本曾我物語』によると、頼朝が鎌倉街道上道《かみつみち》を通って信濃三原野の巻き狩りに行く際、宿泊した大蔵宿の警固を重忠が担当したという。この逸話は重忠が大蔵（埼玉県比企《ひき》郡嵐山町《らんざんまち》）を領有していた確実な証拠にはならないが、この地に影響力を持っていたことを示している。

⑦　武蔵国男衾郡鉢形

元亨元年（一三二一）六月六日、道義（島津忠宗《しまづただむね》）は「むさしのくにはちかた」を含む所領返還の越訴《おっそ》を、子息と思われる三郎左衛門に命じている（『鎌倉遺文』二七八五七号）。鉢形《はちがた》は畠山に近接しており、重忠の所領と考えて大過ないであろう（湯山二〇一二）。島津氏は、重忠の滅亡後、畠山氏の一族や郎等の本田氏を自らの武士団に招き入れている（野口二〇〇二A）。また、島津氏の始祖惟宗忠久《これむねのただひさ》と畠山氏は縁戚関係にあったと考えられ、重忠滅亡後、島津氏が、鉢形など畠山氏の所領の一部を継承したと考えられる（山野二〇一七B）。

⑧　武蔵国春原荘《しゅんのはら》

貞応三年（一二二四）正月二九日、新田尼《にったのあま》（新田義兼妻《にったよしかね》）が岩松時兼《いわまつときかね》に「春原庄内万吉郷」を譲与している（『鎌倉遺文』三二〇八号）。新田尼の出自は明らかでないが、新田氏と婚姻関係を結ぶ家格の武士で、武蔵北部に権益を持つ者として、まず畠山氏が考えられる。あるいは、重忠の旧領を新田尼が与えられ、その内、万吉《まげち》郷（埼玉県熊谷市）が岩松氏に伝領されたのかもしれない（彦由二〇〇五、湯山二〇一二、田中大喜二〇一五B）。

⑨　武蔵国多摩郡杣保

秩父平氏江戸氏と関わりの深い三田氏が、重忠の滅亡後、江戸氏の支援を受けて杣保《そまのほ》に権益を形成した可能性が指摘されている（小国二〇〇五）。この推定が正しければ、重忠は杣保（東京都青梅《おうめ》市・奥多摩市・羽村市）を所領としていた可能性が高い。青梅市域には重忠伝承が多く残り、同市内の武蔵御嶽神社《むさしみたけじんじゃ》には重忠の奉納と伝えられる大鎧と太刀が残っている（村松二〇〇五・二〇一二）。杣保には、一二世紀前半には私市《きさい》党の成木《なりき》氏が所領を形成していた（高橋修二〇一四）。秩父平氏嫡流という重忠の出自を考えると、重忠は成木氏よりも上位の領主権を確保していたのかもしれない。

⑩　武蔵国足立郡与野郷道場近辺

足立郡与野郷道場（埼玉県さいたま市桜区）近辺に、重忠が寺院を開いたなどの伝承が残されている。与野郷に隣接する大窪郷は鎌倉街道上道の支道と入間川が交わる水陸交通の要衝である。また、さきに述べたとおり、重忠は足立遠元の息女を妻としている。菊池紳一氏はこれらの点をふまえ、道場付近に重忠の所領があった可能性を指摘している（菊池紳一二〇一二）。

〈武蔵国外の所領〉

⑪　伊勢国治田御厨など所領四ヶ所

文治三年の重忠謀叛疑惑事件の発端となった所領である。木曾義仲・平氏追討戦の勲功によって与えられたものと考えられる。治田御厨については、重忠が所領を没収された後、吉見頼綱に与えられたことがわかる（『鏡』文治三年一〇月一三日条）。

⑫　陸奥国長岡郡（葛岡郡）

重忠が文治五年（一一八九）の奥州合戦の勲功所領として拝領した所領である（『鏡』文治五年九月二〇日条）。重忠滅亡後は、常陸平氏の嫡流を継承した馬場資幹《ばばすけもと》に与えられた（『鏡』建暦元年四月二日条）。重忠が滅亡した元久二年（一二〇五）六月二二日の二俣川合戦の際、弟の渋口六郎重宗が奥州にいたことがわかる（『鏡』同日条）。重宗は重忠の代官として長岡郡に赴いていた可能性が高い。あるいは重宗も陸奥国に所領を有していたのかもしれない。

⑬　信濃国某所

重忠が滅亡した際、弟の長野三郎重清が信濃国にいたことがわかる（『鏡』元久二年六月二二日条）。重忠の代官として信濃国に赴いていたか、重清自身が同国内に所領を持っていたものと考えられる。

以上、一三例・一六ヶ所が、畠山一族が保持していた可能性が高い所領である。鎌倉幕府における重忠の立場を考えると、重忠やその一族の所領は、この一六ヶ所より遙かに多かったと考えられる。各地に残る重忠伝承（村松二〇〇五・二〇一二）は、畠山氏の所領分布と関わっているのかもしれない。それでも、これら一六ヶ所の内、特に武蔵国内の所領については、明らかな特徴を見いだすことができる。

すなわち、畠山氏の所領は、男衾郡畠山郷およびその近辺、すなわち武蔵国北西部にもっとも集中している（①〜④、⑥〜⑧）。これまで述べてきたように、畠山氏は武蔵国北西部に強い勢力を持っていたのである。

では、畠山氏に従った武士たちは、畠山氏の所領分布とどのような関係にあったのであろうか。

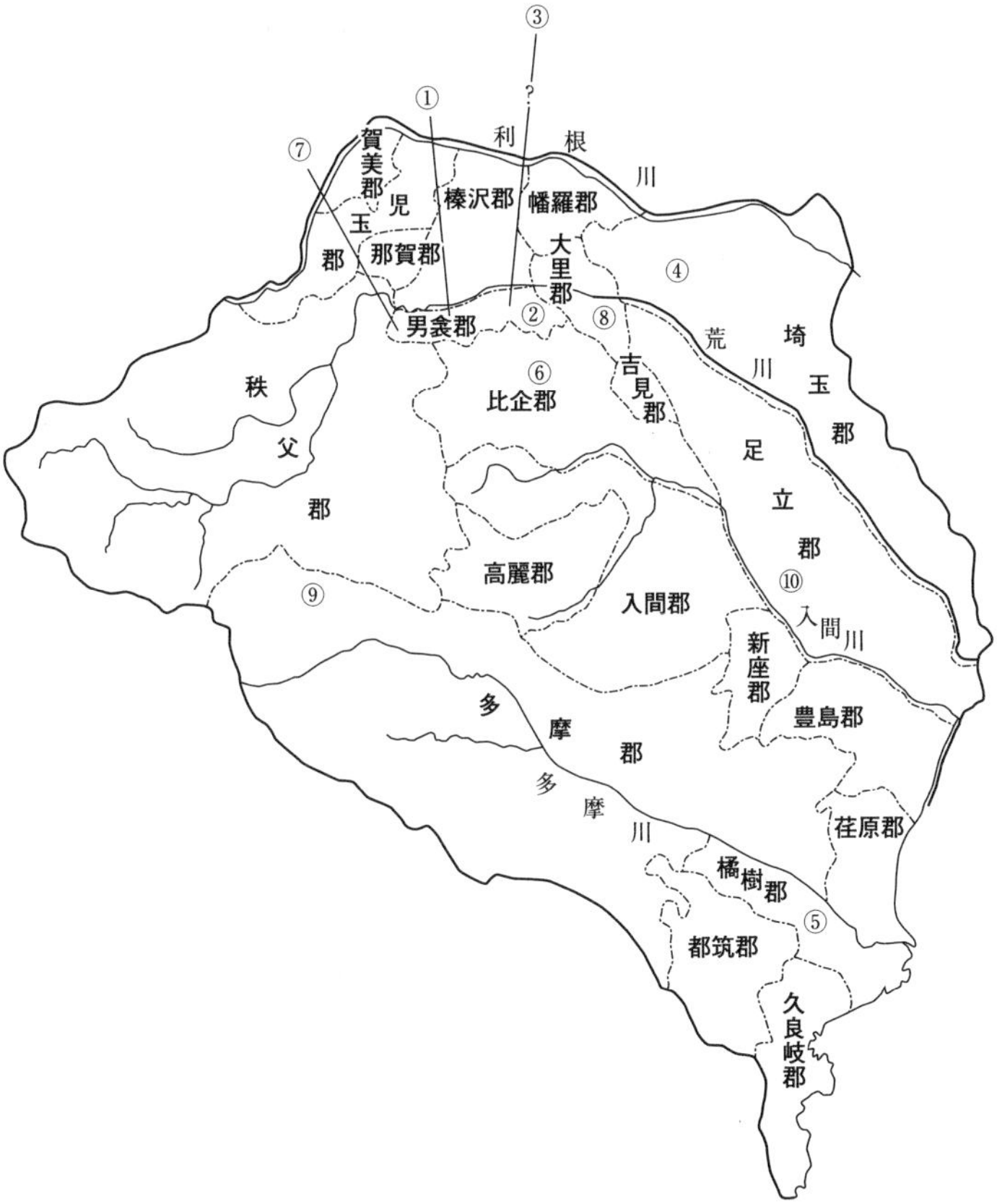

図18　武蔵国における畠山氏の所領（田代1990をもとに作成）

畠山氏配下の武士と軍事的テリトリー

畠山氏の配下の武士については、青木文彦氏が網羅的に検出している（青木二〇〇四）。青木氏の成果に学び、畠山氏の配下の武士を一覧表にしたものが「表　畠山重忠配下の武士」である。

表によると、重忠の郎等である本田近常は、畠山郷に隣接した男衾郡本田郷を、同じく郎等である榛沢成清は、男衾郡と荒川を挟んで北に接する榛沢郡内の榛沢郷を所領としている。また、重忠の郎等である綴《つづき》（都筑）氏は、武蔵国都筑郡を名字の地としている。都筑郡には、重忠の従兄弟榛谷重朝の所領榛谷御厨《はんがやのみくりや》があり、都筑郡に隣接した橘樹《たちばな》郡には、畠山氏が立荘に関わったと思われる稲毛荘がある。これらのことから、畠山氏の郎等は、畠山氏・小山田氏の所領の近隣の武士であったことが判明する。注意して欲しいのは、畠山氏の郎等の所領は、畠山氏の所領内には見いだせず、あくまでもその近隣に所在していたことである。

同様のことは、重忠の配下として活動した武士たちについても該当する。とくに、瀬山氏・岼戸氏・大串氏・津戸氏・丹党は、畠山氏の所領の近隣に展開した武士たちである。畠山氏は、男衾郡域を中心として大里郡南部・埼玉郡西部・吉見郡・榛沢郡南部の武士を従え、さらに丹党を介して秩父郡・賀美郡にも影響力を及ぼしていたと考えられる。

以上、畠山氏の所領だけでなく、その郎等・配下の武士たちの所領は、武蔵国北西部と

表　畠山重忠配下の武士

氏名	属性	名字の地	初見	典拠
榛沢成清	畠山重忠の「郎従」・「乳母人」／丹党	榛沢郡榛沢郷	治承四年（一一八〇）八月二四日頃	『延慶本平家物語』・『吾妻鏡』など
横山党の弥太郎	畠山重忠の「郎等」／横山党	不明	同右	『延慶本平家物語』・『源平盛衰記』
津戸四郎	私市党の関係者・秩父重綱の姻戚か	忍保内津戸	同右	『延慶本平家物語』
川口次郎大夫	西党もしくは横山党	船木田荘内川口郷もしくは埼玉郡川口郷か	同右	『延慶本平家物語』・『源平盛衰記』
秋岡四郎	不明	不明	同右	『延慶本平家物語』
綴太郎・五郎・小太郎	畠山重忠の「郎等」／綴党（都筑党）	武蔵国都筑郡	同右	『延慶本平家物語』・『源平盛衰記』
本田近常	重忠の「郎従」／系譜は不明（丹党・藤原氏・良文流平氏など諸説あり）	男衾郡本田郷	同右	『源平闘諍録』・『吾妻鏡』・『源平盛衰記』など
瀬山次郎	不明	榛沢郡瀬山郷	寿永三年（一一八四）正月二〇日頃	『源平闘諍録』
崛戸太郎	不明	大里郡崛戸郷	同右	『源平闘諍録』
丹の党等	丹党	秩父郡・賀美郡・榛沢郡など	同右	『源平闘諍録』・『吾妻鏡』
大串重親（季次）	畠山重忠の烏帽子子／横山党	吉見郡大串郷	同右	『覚一本平家物語』・『源平闘諍録』・『吾妻鏡』など
柏原太郎	丹党	高麗郡柏原郷	文治五年（一一八九）七月一九日	『吾妻鏡』

出典：清水亮二〇一二より（一部修正）

いうまとまった地域に展開している。この地域は、畠山氏が周辺の武士を動員して軍事力を編成できるナワバリ、すなわち軍事的テリトリーの一つであったと考えられる。

畠山氏のもう一つの軍事的テリトリーは、武蔵国東南部にあったと考えられる。重忠の初陣となった治承四年（一一八〇）八月二四日の小坪坂合戦（由比浜《ゆいがはま》合戦）では、本田近常・榛沢成清に加えて、津戸四郎・川口次郎大夫・綴党・秋岡四郎が参加したことがわかる。先述したとおり、綴氏（都筑氏）の一党は重忠の郎等であった形跡があり、かつ都筑郡を名字の地としていた。

都筑郡には、重忠の従兄弟榛谷重朝の所領である榛谷御厨が分立していた。都筑郡に隣接する多摩郡には、榛谷重朝の父小山田有重・兄重成の本領小山田保と小沢郷があり、同じく隣接する橘樹郡には、畠山重能が成立に関与したとみられる稲毛荘があった。榛谷御厨が都筑郡の全てを含み込んでいたとはいえないので、綴氏（都筑氏）は、畠山氏・小山田氏が形成した所領の外、すなわち都筑郡の公領部分を所領としていたと推測される。そして、綴氏（都筑氏）は、畠山氏を主人として迎え、畠山氏・小山田氏による武蔵国東南部のナワバリ＝軍事的テリトリーの形成・維持を支えていたと考えられる。

以上、述べてきたところを整理すると、畠山氏の軍事的テリトリーには、本領である畠山郷・菅谷（・大蔵もか）を中核として、その周囲に分布する武士たちを従属させて形成

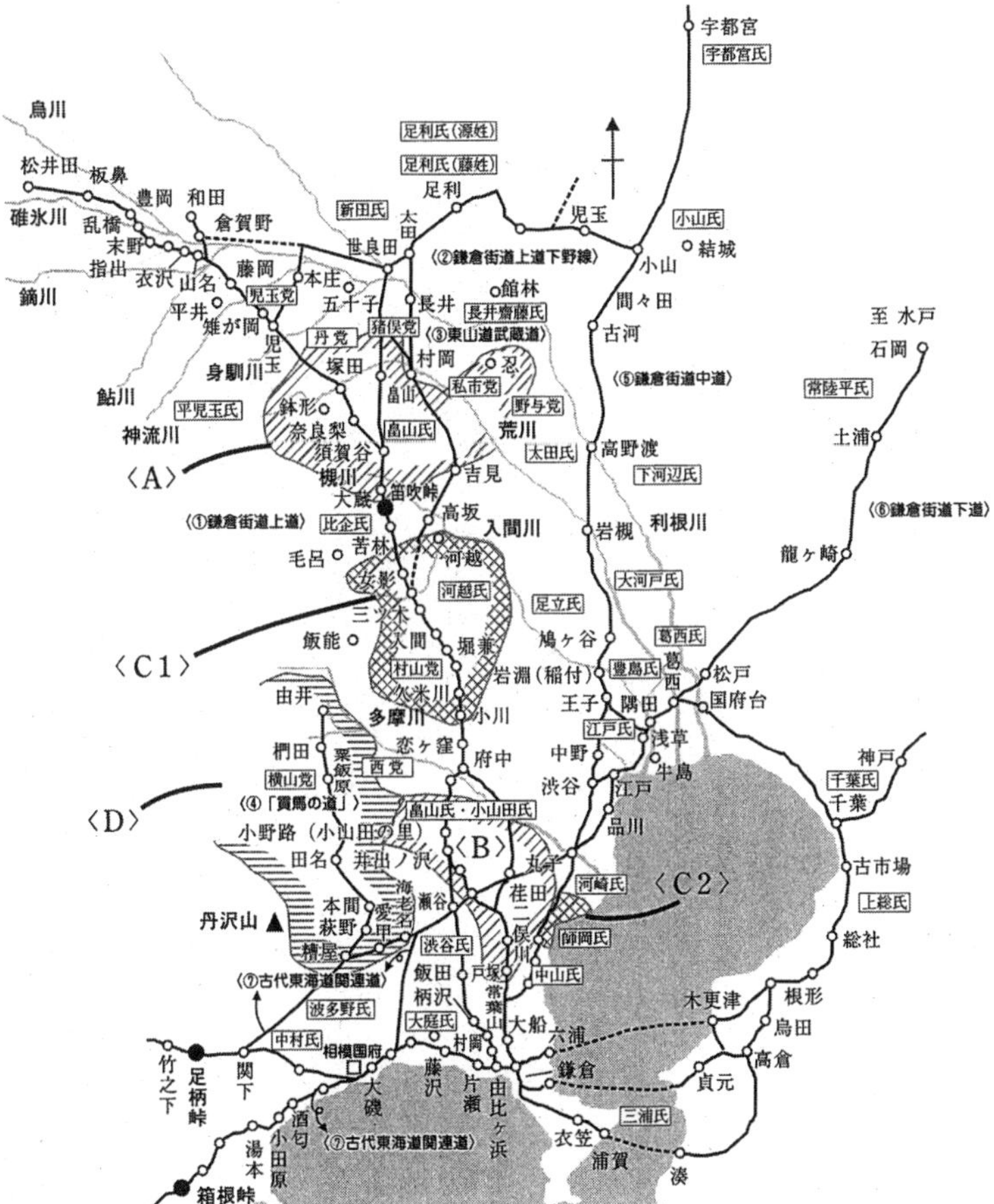

※〈A〉は，畠山氏の軍事的テリトリー
〈B〉は，畠山氏・小山田氏の軍事テリトリー
〈C1〉・〈C2〉は河越氏の軍事的テリトリー
〈D〉は，横山党の軍事的テリトリー
＊軍事的テリトリーの範囲はいずれも試案である．

図19　武蔵国有力武士団の軍事的テリトリーと交通路（12世紀末）
（清水亮2014より，原図は齋藤2010。一部修正）

した地域（武蔵国北西部）、小山田氏と連携して荘園を形成し、綴（都筑）氏を従属させて形成した地域（武蔵国南東部）の二つが存在したことになる。

河越氏の場合は、河越荘を中核として村山党出身者に対して影響力を発揮した入間郡周辺と、河越重頼の弟師岡重経《もろおかしげつね》の所領師岡保（およびその周辺）を軍事的テリトリーとして保持していたと考えられる。また、横山党の場合は、先述したとおり、嫡流の本領である武蔵国横山荘を中核として、甲斐国東部、相模国北西部にいたる地域を軍事的テリトリーとして保持していたと考えられる。

本拠の景観 ——畠山郷——

次に、畠山氏の軍事的テリトリーの中核となる本領の様相について考えてみたい。まず、名字の地である畠山郷における拠点空間について具体的にみてみよう（清水亮二〇一〇、深谷市教育委員会二〇一二など）。

畠山郷は荒川南岸に位置している。荒川水運を利用した、秩父から江戸（東京）への筏流しは盛んに行われていた。聞き取り調査によると、昭和初期までは、荒川水運によって秩父からの木材が東京の木場に運ばれていたという。また、戦国時代に北条氏邦《ほうじょううじくに》の家臣団に編成された榛沢郡荒川郷の土豪持田《もちだ》氏や持田氏に先行する勢力は、荒川水運に関与して富を形成していたとみられる（池上二〇一二など）。中世の畠山郷が荒川水運と密接な関係を持っていた可能性はきわめて高い。そして、畠山郷の南西には鎌倉街道上道が通っており、応永二年（一三九五）までには塚田宿という町場が形成されていた。また、荒川と鎌倉街道上道の結節点に位置する赤浜天神沢《あかはまてんじんさわ》遺跡では、堀割《ほりわり》状の街道遺跡が発掘されている（小林二〇〇四など）。これらの状況をふまえると、畠山郷は水陸の交通路が交差する要衝に近接していたといえるであろう。

畠山郷の北部、荒川沿岸には秩父郡の椋《むく》神社を勧請したとされる井椋《いぐら》神社がある。そして、そのすぐ南に近接して、一二世紀初頭頃の草創と寿永年間の重忠による再興の伝承を伝える、畠山氏の氏寺満福寺《まんぷくじ》がある。そして荒川の流れが井椋神社の北で浅瀬になっているところは「鶯《うぐいす》ノ瀬」と呼ばれている。この名称は、重忠が郎従の榛沢成清のもとに行き、帰路の豪雨で荒川を渡れなかったところ、一羽の鶯が鳴いて浅瀬の存在を教えてくれたという伝承に基づいている。すなわち、「鶯ノ瀬」は荒川の渡河点であり、これに隣接して井椋神社・満福寺は建てられているのである。したがって、畠山氏は、これらの神社・寺院を介して、荒川の渡河点という交通の要衝を掌握していたと考えられる。

畠山氏の館跡は確定されていないが、畠山重忠の供養塔が立っている畠山重忠史跡公園が有力な候補地である。この遺跡からは、堀や一二世紀末から一三世紀前葉と推定される京都系の手づくねかわらけが発掘されている（川本町遺跡調査会一九九九、水口二〇一六など）。また、畠山重忠史跡公園の東には「馬場」など館に関わる地名が残っており、畠山

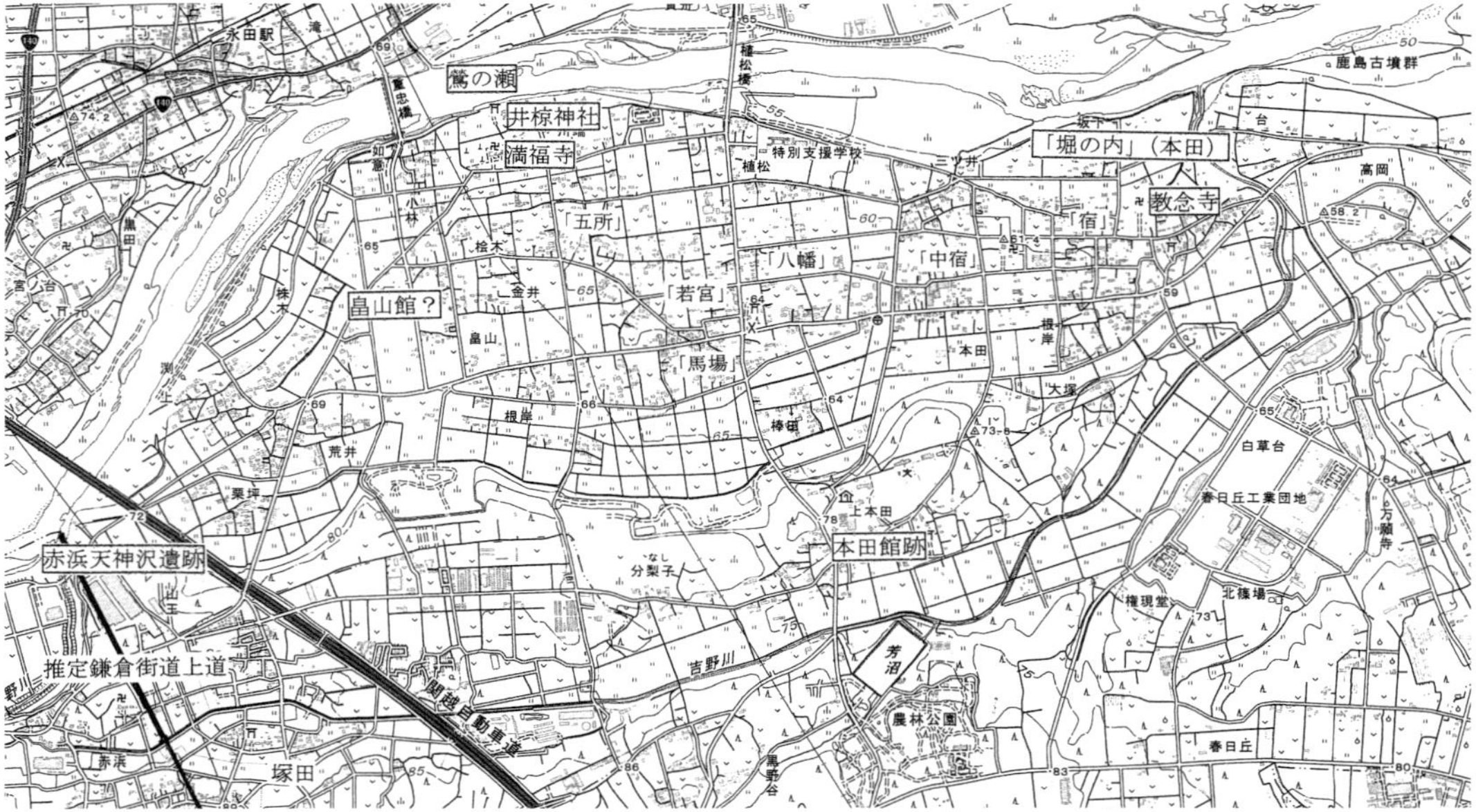

図20　畠山氏・本田氏の拠点と周辺の景観（平成28年11月調製　国土地理院25,000分の１地形図「三ヶ尻」に加筆）

重忠史跡公園およびその近辺に、畠山氏と関わる施設があったことは確かである。

なお、落合義明氏は、満福寺に隣接する地名「五所」を「御所」（館）と解釈する案を提示している。落合氏は、この「五所」が西の墓所（現在の畠山館跡）、東の八幡社、南の万願寺遺跡（中世寺院跡）に囲まれた宗教空間の中にあることをふまえて、「五所」を畠山館跡と推定している。また、「五所」の東に「宿」・「中宿」という地名があることから、畠山氏の館と宿との関係も想定している（落合二〇一〇・二〇一二）。

このように、畠山氏の居館をめぐっては、研究が進められつつある状況であり、今後新たな発見があるかもしれない。現状で確かにいえることは、畠山氏の居館が水陸交通の要衝に位置し、秩父一族と関わる神社・寺院とセットとなって存在していたことである。

また、注目したいのは、重忠の側近本田近常の所領である本田郷（埼玉県深谷市本田）が畠山郷の東に隣接していることである。本田氏の館跡は二ヶ所見いだすことができる。

一つは、現在「本田館跡」とされる城館跡である。聞き取り調査によると、本田郷を東西に貫通する広く長い谷戸田は、谷戸のなかを流れる吉野川を用水源としていたという。「本田館跡」の遺構は戦国期に下ると考えられるが、農業の用水源を掌握するためには、「本田館跡」かその近傍に館を設営する必要があったと考えられる。

もう一つは、荒川沿岸部の「堀之内」である（清水寿一九九七）。この「堀之内」は、本

図21　畠山重忠史跡公園（畠山館跡か）

図22　伝畠山重忠ら墓（畠山重忠史跡公園内）

図23　伝畠山重能墓（畠山重忠史跡公園内）

図24　満福寺観音堂

図25　畠山重忠位牌（満福寺所蔵）

田氏の子孫が戦国期から近世を通じて保持した屋敷地と考えられ（川本町一九八九）、荒川水運にアクセスする好適地である。本田氏の館が郷内に一つしかなかったと考える必然性はないので、現状では、いずれも本田氏の居館であったと考えたい。これらの居館を介して、本田氏は荒川水運にアクセスし、吉野川（和田吉野川）を用水源とする水田開発を主導していたと考えられる。

前述したとおり、畠山重能・重忠父子は、一一七〇年代の多くの期間、在京していたと考えられる。本田氏は、在京がちである畠山氏の本領経営を補佐する役割を担っており、そのため、畠山氏に重用されたと考えるのが自然であろう。すなわち、畠山氏は、名字の地畠山郷を本領とする在地領主であった。そして、畠山氏の領主支配は、隣接する本田郷の在地領主本田氏を郎等として編成し、その協力を得ることで成り立っていたと考えられるのである。

本拠の景観―平沢寺・菅谷・大蔵―

平沢寺・菅谷・大蔵は、秩父平氏嫡流が計画的に形成した都市的空間であったことが指摘されている（落合二〇一〇、植木二〇一二、村上二〇一三）。そして、大蔵合戦以降、これらのうち、平沢寺・菅谷については、畠山氏が支配したことがほぼ確実である。

また、これらの地からは、一二世紀中葉から一三世紀にわたる京都系の手づくねかわらけ（京都の影響を受けて手びねりで作られた素焼きの皿）が出土している（埼玉県立嵐山史跡の博物館二〇一五、水口二〇一六）。木村茂光氏は、鎌倉幕府に先行して秩父平氏が手づくねかわらけを使用していたことを重視し、その搬入経路を東山道と考えている（木村二〇一六）。これらの成果に学び、菅谷・平沢寺・大蔵の景観について述べていきたい。

平沢寺は、秩父重綱とその妻たちによって施入されたとみられる経筒《きょうづつ》が出土していることからも、重綱がその成立・整備に関わっていたと考えられる。そして、一二世紀中葉から末期には三間×三間の四面堂（阿弥陀堂《あみだどう》か）と池を具備する臨池伽藍《りんちがらん》が形成されていた。すなわち、平沢寺は、大規模な阿弥陀堂と池・背後の山によって構成される浄土庭園を備えていたことになる。また、平沢寺からは一二世紀中葉から後葉の手づくねかわらけが出土している（村上二〇〇八など）。

なお、さきに述べたように、重綱とその妻たちが施入したとみられる経筒の埋納の趣旨

図26　井 椋 神 社

図27　鶯　の　瀬

は「自他法界平等利益の為なり（自分たちと全ての人々の平等の利益の為である）」というものであった。この文言《もんごん》から、私は地域社会（あるいは社会全体）の安穏を願う秩父重綱らの姿を読みとりたい。平沢寺は秩父平氏嫡流によって地域に導入された京都の文化・技術を体現する施設であるとともに、秩父平氏嫡流の人々を超えた、地域社会（あるいは社会全体）の安穏を願う場だったと考えられる。

平沢寺の東南、都幾川の左岸には畠山重忠の館とされる菅谷館跡がある。菅谷館跡の現状は戦国期の城郭遺構であるが、隣接する山王遺跡の堀跡から、やはり一二世紀中葉から後葉の手づくねかわらけが出土している。このことから、浅野晴樹氏は、山王遺跡から菅谷館に至る地に重忠の館があったと推測している（浅野二〇一七）。私も浅野氏の所説に賛同したい。また、菅谷館の東、都幾川の渡河地点に「元宿」という地名があり、大蔵館に先行する宿があったと推定されている（水口二〇一六）。

大蔵館は都幾川の南岸の台地上にあり、鎌倉街道上道がすぐ東を通っていた。近年の発掘調査では、一二世紀後半から一三世紀後半を主体とする搬入土器や、一三世紀前半と思われる手づくねかわらけ三四点、さらに柱状高台《ちゅうじょうこうだい》も一点確認されている。また、大蔵館跡の北に「堀ノ内」という小字があり、秩父重隆の頃、大蔵館が「堀ノ内」に設営されていた可能性も指摘されている。そして、鎌倉街道上道沿いに地域の流通の要衝である大蔵宿があり、大蔵館の周辺からは中世集落（行司免遺跡《ぎょうじめん》）・寺院（宮の裏遺跡）も発掘されている。なお、行司免遺跡は水陸交通の交差する場に計画的に開発された〝市〟的な場であり、一二世紀中葉に近い後半に成立し、一三世紀末から一四世紀前半に終焉を迎えたと考えられている（以上、村上二〇一三）。

近世の都幾川では、近隣の村々から伐り出した赤松を筏にして江戸方面に運んでいたという。大蔵・菅谷辺りは都幾川の川幅が広がり、水上交通の起点であったと想定される。したがって、大蔵館は、都幾川水運と鎌倉街道上道が交差する要衝に位置していたと考えられる。そして、大蔵館が持つ水陸交通の結節点という性格は、菅谷館にもあてはまる（以上、植木二〇一二）。

以上のような平沢寺・菅谷・大蔵のあり方は、畠山と共通している。すなわち、水陸交通の要衝にあり、寺社とセットになった拠点空間である。また、手づくねかわらけが出土していることから、秩父平氏嫡流が選択した京都文化が本領に導入されたと考えられる点でも共通している。

ただし、平沢寺・菅谷・大蔵については、畠山よりもより明確に京都との結びつきを読み取ることができる。すなわち、秩父平氏嫡流は、平沢寺に京都の宗教文化・土木技術（臨池伽藍）を導入して一族や地域社会の安寧を祈るとともに、地域の人々に自らの権威を誇示していたと考えられる。重忠が、臨池伽藍を持つ鎌倉永福寺《ようふくじ》の奉行人に任命されていることも、このような秩父平氏嫡流の持つ経験を買われたものであった可能性が高い（『鏡』建久五年一二月二日・建仁三年一一月一五日条、野口二〇〇二A）。

そして、平沢寺や山王遺跡（畠山氏時代の菅谷館をふくむと推定される遺跡）から、一二世紀中葉から後葉の京都系の手づくねかわらけが見いだされたことは重要である。北武蔵でもっとも古い手づくねかわらけは、大蔵館から南に約二キロ離れた箕《ふるいしんでん》新田遺跡（ときがわ町・嵐山町）から出土したものである。この遺跡は秩父平氏嫡流の本拠域に隣接している。さらに、一二世紀中葉から後葉の手づくねかわらけは、河越重頼の本拠である河越館からも出土している。水口由紀子氏は、これらの事実から秩父氏（秩父平氏嫡流）が京都系の手づくねかわらけの導入に関わっていたことを想定している（水口二〇一六）。かわらけは宴会や儀式で使用されたものであるから、手づくねかわらけは、秩父平氏嫡流の優位性を目に見えるかたちで示すアイテムであったと考えられる。

京都系の手づくねかわらけは、一二世紀半ばから平泉でも使われ出す。そして、一二世紀段階で武蔵の国務を掌握した貴族が在地社会に関与するにあたって、その在地側の有力な受け皿が河越氏であったこと、河越氏の本拠で手づくねかわらけが出土した事実が、南関東・平泉とつながるルートとの関係で重要な意味があることが示唆されている（以上、

図28　平沢寺・菅谷・大蔵周辺図
（水口2016より，一部修正）

図29　平沢寺（埼玉県比企郡嵐山町）

図30　菅谷館跡の現況（遺構は戦国期のもの．埼玉県比企郡嵐山町）

八重樫・高橋一樹編二〇一六)。

一二世紀中葉から後葉は、秩父重隆から畠山重能・河越重頼(あるいは葛貫能隆)へと秩父平氏嫡流の世代交代が行われた時期にあたる。畠山重能や河越重頼たちは、京都(あるいは国司《こくし》などの国務担当者)とのつながりを駆使して、京都系の手づくねかわらけの作製技術を本領に導入し、自身を頂点とした宴会や儀式のあり方をも持ち込んだ(あるいはつくり出した)のではないだろうか。すなわち、畠山氏・河越氏が形成した軍事的テリトリーは、彼らが京都文化のなかから選択した手づくねかわらけを使用した宴会や儀式によっても維持されていたと見通せる。

下田町遺跡と手づくねかわらけ

畠山氏が形成した北武蔵の軍事的テリトリーが、手づくねかわらけを使用した宴会や儀式によって補強されていたという見通しに関わる遺跡が近年紹介された。埼玉県熊谷市の下田町《しもだまち》遺跡である。この遺跡は、和田吉野川の旧河道沿いに形成された一二世紀の武士居館遺跡、一三世紀以降の宿(津)という二つの空間で構成されていたことが明らかにされている。また、手づくねかわらけが大量に出土しており、一二世紀中葉から後葉の手づくねかわらけも含まれている(浅野二〇一五・二〇一七、水口二〇一六など)。

下田町遺跡を武士本拠との関わりから検討した浅野晴樹氏は、下田町遺跡が東山道武蔵

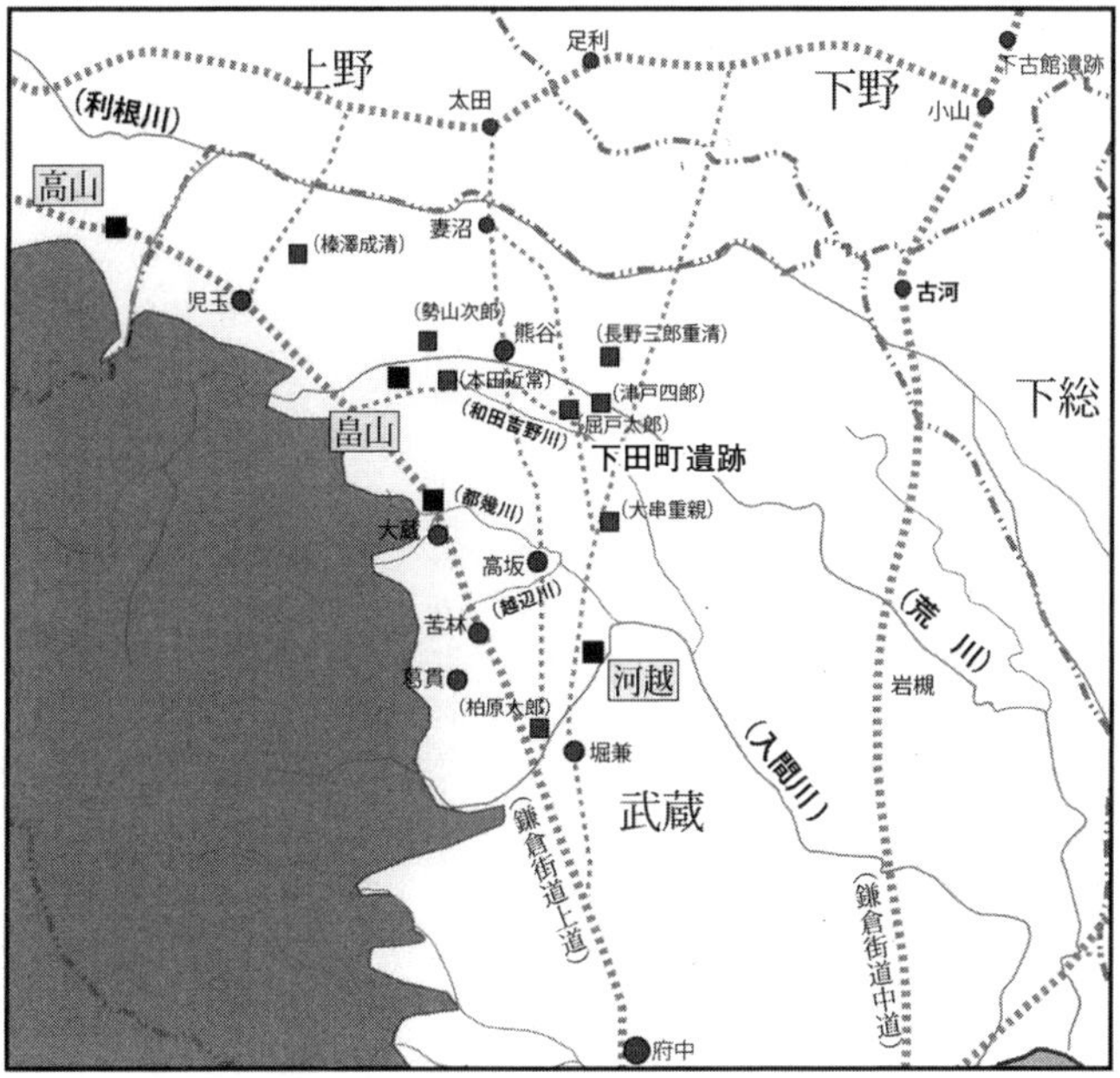

図31　畠山氏配下の武士と下田町遺跡（埼玉県立嵐山史跡の博物館編集・発行『秩父氏の歴史』2017に加筆）

路と和田吉野川が交差する交通の要地にあったことを指摘した。そして、和田吉野川の水源が男衾郡本田であり、下田町遺跡のすぐ北に屈戸《くつと》（堀戸）が所在することなどから、下田町遺跡が畠山氏の勢力下にあり、畠山氏に関連する武士の物流拠点として設けられ、宴会を行う館が構えられていたことを想定した（浅野二〇一七・二〇一八）。

浅野氏の主張に私も賛同したい。浅野氏は、下田町遺跡について、慎重に「畠山氏と密接な関係の基に成立した武士の本拠」と表現している。私は、宴会を主催する主体として畠山氏がもっともふさわしいことから、下田町遺跡を畠山氏自身の拠点と考えたい。下田町遺跡がどこの所領に属していたかは判然としないが、その位置からみて春原荘に属していた可能性はある。

中世前期の武士は広域的に移動し、町場の権益に関与しようとする指向性を持っていた。この指向性に基づき、武士が交通の要所や町場に居館を構えていたことが明らかにされている（海津一九九〇、岡一九九五、高橋修二〇〇二、田中大喜二〇一五Aなど）。所領の有無に関わらず、畠山氏が下田町遺跡に拠点を構え、本拠の一つとしていた可能性は否定できないであろう。

畠山氏のあり方

以上のように、畠山氏は水陸交通の要衝に本拠を設定していた（畠山館・菅谷館および下田町遺跡）。そして、本拠には手づくねかわらけを使用した宴会は、平沢寺の臨池伽藍など京都の文化が導入されていた。手づくねかわらけや周囲の武士たちを統合する場になっていたと考えられる。また、平沢寺は畠山氏の権威を示すだけでなく、一族や地域社会の安穏を祈る役割を担っていたとみられる。その一方、畠山氏が保持していた所領は、稲毛荘を除くと、本拠所在地を含めても個々の単位所領は必ずしも大規模ではなかった。とくにわかりやすいのは畠山郷であり、隣接する郎等本田氏の本領本田郷とほぼ同規模である。

しかし、断片的な史料からでも判明したように、畠山氏が支配したと思われる所領は、男衾郡域を中心に武蔵国内に複数存在している。この点は、畠山氏の郎等・配下となった中小武士と大きく異なる点である。

畠山氏は、京都政界とのつながり、国衙に対する強い影響力、軍事貴族の系譜を引く「高家」の家格に立脚して、武蔵国北西部、武蔵国南東部に、自身の所領を超えた軍事的テリトリーを形成していたのである。このような畠山氏のあり方は、武士団としてみるならば、中小武士（団）を従えた豪族的武士団、在地領主としてみるならば、郷村規模の所領を本領としつつ、それらを超えた地域支配を実現した大型の在地領主と評価することが可能であろう。

重忠の滅亡と畠山氏の再生

鎌倉幕府の政争と重忠

頼朝期の武蔵国支配

これまで述べてきたように、頼朝期の武蔵国支配は、知行《ちぎょう》国主の地位に基づいて国衙《こくが》・国務を掌握する行政的支配、国内武士の御家人《ごけにん》化による主従制的支配によって構成されていた。そして、それらを補完したのが、秩《ちち》父平氏《ぶへいし》畠山流・秩父平氏河越流・横山党嫡流《よこやまとう》が形成した軍事的テリトリーであった。頼朝は、畠山重忠《はたけやましげただ》・稲毛重成《いなげしげなり》・榛谷重朝《はんがやしげとも》（以上、秩父平氏畠山流）、河越重頼《かわごえしげより》・師岡重経《もろおかしげつね》（以上、秩父平氏河越流）、横山時広《よこやまときひろ》（横山党嫡流）らの軍事的テリトリーを承認しつつ、彼らの影響下にあった中小武士の多くも御家人化した。頼朝による国内武士の広範な御家人化は平氏の武蔵国支配にはみられない新たな支配方式であるが、知行国主の地位に基づく国務執行、有力武士の軍事的テリトリーを介した地域支配は平氏段階との連続性を持っている。頼朝は秩父平氏嫡流に緊張をもたらす政治を行ったが、彼らの家格を相対化したり、本領の没収や軍事的テリトリーの解体を進めることはしていないのである。

そして、畠山重忠・稲毛重成・榛谷重朝・横山時広は頼朝に重用された。重忠は幕府内で高い地位を与えられ、秩父平氏嫡流の族長として武蔵国惣追捕使《そうついぶし》の地位にも就任したとみられる。稲毛重成・榛谷重朝は頼朝の近くに仕え、秩父平氏のなかでは葛西清重とともに、重忠に次ぐ地位を得たとみられる。横山時広は奥州合戦《おうしゅうかっせん》で先祖の例に基づいて藤原《ふじわらの》泰衡《やすひら》の首を懸ける役を勤め、また、但馬《たじま》国・淡路《あわじ》国の惣追捕使（守護）に補任されている（川合二〇一〇B、佐藤一九八八など）。

彼らのなかで、特に畠山重忠・横山時広は秩父平氏嫡流・横山党嫡流の族長であり、鎌倉幕府の武蔵国支配正否のカギを握っていた。彼らは頼朝を力量ある主君として認め、その統制に服した。豪族的武士団の長たちが、頼朝という傑出した指導者と結びつくことで、武蔵国をふくむ鎌倉幕府の東国支配はなりたっていた面があったのである。したがって、頼朝が死去すると、彼らは自身の所領や権益を守ることに自覚的になる。頼朝死後に幕府内で政争が起こった一因には、所領・権益を維持しようとする東国武士たちの自己運動があったのである。重忠もまた幕府内部の政争で主体的に動き、結果として滅亡した。これから、重忠に焦点を当てながら、幕府内部の政争の様子を追いかけていきたい。

二代将軍源頼家の政治と重忠

源頼朝《みなもとのよりとも》は、建久一〇年（一一九九）正月一三日に死去した。その死因については落馬がもとであったとも、糖尿病であったともいわれているが、確定は難しい。

頼朝死去の情報を得た権大納言源通親《みちちか》は、正月二〇日に小除目《こじもく》（臨時の任官儀式）を行い、自らの右大将兼任と頼朝の嫡子源頼家《よりいえ》の左近衛中将任官を実現させた。さらに、その五日後の正月二五日付で、朝廷は「故頼朝卿の家人は右《（左）》近衛中将頼家に従い、諸国の守護を奉仕せよ」という趣旨の宣旨《せんじ》を出した（『百錬抄《ひゃくれんしょう》』）。朝廷は、頼朝の死によって鎌倉幕府が混乱・解体することではなく、幕府権力が頼家に円滑に移行することを望んでいたのである（以上、川合二〇〇九）。

頼家は、公武協調路線に沿って幕府政治を主導する姿勢をみせていたが、四月一二日に幕府の意志決定に関わる大きな決定がなされる。すなわち、幕府の訴訟において頼家が直接に裁決を行うことを止め、有力御家人一三人が合議を行い、幕府の意思を決定する「一三人の合議制」である。一三人のメンバーは、北条時政《ほうじょうときまさ》・北条義時《よしとき》・三浦義澄《みうらよしずみ》・八田知《はったとも》家《いえ》・和田義盛《わだよしもり》・比企能員《ひきよしかず》・安達盛長《あだちもりなが》・足立遠元《あだちとおもと》・梶原景時《かじわらかげとき》（以上、有力武士）・大江広元《おおえのひろもと》・三善康信《みよしのやすのぶ》・中原親能《なかはらのちかよし》・二階堂行政《にかいどうゆきまさ》（以上、実務官僚）から成り立っていた（『鏡』同日条）。

この一三人の合議制は、そのうちの数名が評議した結果を頼家に提示し、頼家が最終的な判断を下すという方式で運営されていた。したがって、一三人が全員で合議をしたわけではなく、彼らの評議と頼家の裁定とが異なりうるシステムであった（仁平一九八九）。こうした事実をふまえ、近年では、一三人の合議制について、新たに鎌倉殿になった頼家を支える政治体制であったという評価がなされている（川合二〇〇九、藤本二〇一四）。

頼家の政治については、相次ぐ失政や京都の政治勢力の動きと結びついた政争によって、源氏将軍の凋落と北条氏の台頭を許したという否定的な評価が通説的であった。しかし、近年では、頼家期の政治の具体的な研究が進み、頼家の政治は父頼朝の路線を踏襲する基本方針に沿っており、その施策のなかには実朝期以降に継承されたものもあったことが明らかにされている（藤本二〇一四）。

さて、『吾妻鏡《あずまかがみ》』によると、重忠は訴訟沙汰を通じて頼家の政治姿勢に接している。その逸話は『吾妻鏡』正治二年（一一九九）五月二八日条に載せられている。すなわち、重忠が地頭であった陸奥《むつ》国長岡郡（葛岡郡）内の新熊野社の僧が坊領の境界について紛争を起こし、証拠文書を持って重忠に裁定を求めた。重忠は「当社は（私の）領内にあるが、（藤原）秀衡《ひでひら》が管領していた時、朝廷の御祈禱を致し、今はまた武門の繁栄を祈り奉っている以上は、重忠が独自に判断しがたい」として、大夫属入道善信（三善康信）に訴訟を委ね、善信が頼家にこれを取り次いだ。頼家は、重忠が進上した境界絵図を取り寄せて覧た後、自ら筆を執って、その絵図の中央に墨を引いた。そして頼家は「所領が広いか狭いかは、その身に運があるか無いかに従うべきである。使節を派遣する暇を費やし、現地を実検することはできない。今後、境界を争う裁判については、このように成敗するだろう。もし理不尽だと思う者たちがいるならば、その相論をしてはならない」と命じたという。

この逸話は、理非を無視した頼家の「暗君」ぶりを示すものとして著名である。しかし、藤本頼人氏は、この逸話の直後の正治二年八月に、頼家の側近の僧源性が陸奥国伊達郡の堺相論《さかいそうろん》（境界紛争）の実検に下向していること（『鏡』正治二年一二月三日条）などから、右の逸話の信頼性に疑問を呈している（藤本二〇一四）。妥当な見解であろう。

一方、頼家が有力御家人の利害に反する政治を行っていたことも事実であろう。著名な事例として、幕府政所に命じて諸国の大田文《おおたぶみ》を召し出し、「治承・養和以後」の新恩地のなかで五〇〇町を超えた分については没収し、所領の無い側近に与えようとして、宿老《しゅくろう》の反対を招き、いったん撤回した逸話があげられる（『鏡』正治二年一二月二八日条）。

このような頼家の施策は、幕府の権力基盤を拡充させる目的のもとで進められた（川合二〇〇九、藤本二〇一四）。しかし、これらの施策が、結果として頼家に対する有力御家人たちの反発を引き起こしたことは容易に想像される。

さて、頼家が鎌倉殿になってからの重忠の幕府内での立場は、頼朝期と基本的に変わっていない。まず、重忠は「一三人の合議制」を担うメンバーに入っていない。重忠の年齢は彼らより低いので、政治経験の面から選ばれなかったのかもしれない。ともかく、幕府の意思決定には関与しないという、頼朝時代からの重忠の位置づけが変わっていないことは確かである。

一方、重忠が有力御家人としての地位を保ち続けたことも確かである。正治元年五月、頼家の妹三幡《さんまん》の病が悪化したため、幕府は京都の著名な医師である丹波時長《たんばのときなが》を呼び寄せた。時長は当初固辞したが、後鳥羽上皇が「早く関東に参向せよ」との院宣《いんぜん》を出したため、断り切れず下向したのである。時長は五月六日に鎌倉に着き、当初は中原親能の亀谷《かめがやつ》の屋敷に入った。しかし、御所の近くであることから重忠の「南御門宅」に移ったという（以上、『鏡』正治元年五月七日条）。重忠は御所のすぐ近くの「南御門」に屋敷を構えていたのであり、鎌倉殿の近親を治療する

図32　伝畠山重忠邸跡
（神奈川県鎌倉市）

医者への対応を任せられたこととあわせて、幕府内での高い地位がうかがえる。

結局、三幡は治療の甲斐なく六月三〇日に一四歳で死去した。重忠は、三幡の葬儀に、北条義時・大江広元・小山朝政・三浦義澄・結城朝光・八田知家・足立遠元・梶原景時・宇都宮頼綱《うつのみやよりつな》・佐々木盛季・二階堂行政らとともに参列した（『鏡』正治元年六月三〇日条）。判明する葬儀参列者は、「一三人の合議制」メンバー（北条義時・大江広元・三浦義澄・八田知家・足立遠元・梶原景時・二階堂行政）と北関東の有力武士（小山朝政・結城朝光・宇都宮頼綱）、頼朝挙兵以来の功臣である佐々木盛綱の子息、そして重忠である。

以上の事例から、幕府内で重んじられる一方、その意思決定には参加しないという重忠の立場が継続していたことが知られる。重忠の立場は有力御家人の一角とみるべきであり、彼らを抑えてでも幕府権力の基盤を固めようとする頼家の政治には批判的であった可能性が高い。

梶原景時の失脚と重忠

さきに述べたように、頼家の政治は有力御家人たちと衝突しうる要素を持っていた。頼家と有力御家人たちがすぐに対立関係になったわけではない。だが、彼が若かったことから、頼朝時代に潜在していた有力御家人の不満が表に出てくるようになった。その顕著なものが、梶原景時の失脚である。景時は頼朝に重用されて侍所《さむらいどころ》の所司に就任し、またさまざまな人々を讒言《ざんげん》して破滅や窮地に追い込み、御家人たちの反感を買っていた。

景時は「一三人の合議制」のメンバーであり、他の有力御家人・実務官僚とともに頼家の政治を支える立場であったが、一方で景時は、頼家自身にも近しく仕えていた。頼家が有力御家人の利害と衝突しうる政治を行うにあたって、頼朝以来の将軍側近である景時の存在は重要であったと考えられる。彼の立場は、結城朝光を讒訴した（あるいはそのようにみなされた）ことがきっかけで一気に悪くなる。

正治元年（一一九九）一〇月二五日、結城朝光は、夢のお告げがあったため、頼朝のために一人あたり一万回の阿弥陀名号を唱えるよう傍輩に勧めた。そして、皆はそれに応じて名号を唱えた。この間、朝光は列座した傍輩に「忠臣は二君に事《つか》えずという。（私は）ことに幕下（源頼朝）の厚恩を蒙った。お亡くなりになった時、御遺言があったために出家遁世しなかったこと、後悔は大きい。だいたい、今、世上を見るに薄氷を踏むようだ」と述べた。この発言を、景時は頼家に対する批判とみなして、彼に報告したらしい。

一〇月二七日、幕府の女房阿波局《あわのつぼね》（北条時政息女）は、朝光に「景時の讒訴によってあなたは誅殺されそうになっている」と告げた。朝光はこれをきいて慌て、親友の三浦義村《よしむら》に相談した。義村は事態を重く見て、和田義盛と足立遠元を呼んだ。義盛・遠元は、「（御家人らで）同心の連署状を記し、（頼家殿に）訴えるべきだ」と主張した。そこで景時に恨みを持つ中原仲業《なかなり》が彼らの誘いに応じて訴状を書くことになった。翌二八日、千葉常胤《ちばつねたね》・三浦義澄・重忠らの有力御家人が鶴岡八幡宮《つるがおかはちまんぐう》の回廊に集まった。彼ら合わせて六六人は、中原仲業が書いた訴状に署判を加えた。この訴状は一一月一二日に大江広元を介して頼家の上覧に供され、景時は頼家から陳弁を求められた。しかし、景時は陳弁できず、翌一三日、相模国一宮に下向《げこう》した。一二月九日、景時は鎌倉に帰参したが、結局一二月一八日に鎌倉を追放され、同二九日には景時が保持していた播磨国守護職が小山朝政に与えられた。景時は上洛を試みたが、正治二年正月二〇日、駿河国清見関《きよみがせき》で同国の御家人に襲われ、戦死した（以上、『鏡』）。

重忠は、景時との間にいくつかの因縁を持っている。文治三年（一一八七）には景時の讒言がもとで、重忠は頼朝に誅殺される手前まで追い詰められた。一方、文治五年の奥州合戦では、由利八郎の尋問にあたって、礼を失した景時に代わって重忠が尋問を担当した。重忠は景時に恨みを持っていただろうし、景時も重忠に面目をつぶされたことを根に持っていたかもしれない。二人の関係は良くなかったとみるべきであろう。

そして、重忠は、景時の失脚を進める立場をとり、頼家の政治を抑制する側として行動したことになる。頼家の意欲的な政治は有力御家人と衝突しうる要素を持っていた。頼家が自身の政治力を発揮しようとした時、将軍側近である景時の存在は重要であった。しかし、頼家は重忠をふくむ有力御家人の意向を容れ、景時を見捨てたのである。『愚管抄《ぐかんしょう》』第六では、頼家が景時を見捨てたことが、その滅亡のきっかけであったと評価している。なお、景時失脚後も、重忠が頼家を積極的に支援した形跡は見いだせない。その要因として、頼家の舅である比企能員とその一党との競合が想定されている（高橋一樹二〇一三）。

比企氏の乱と重忠

比企氏の出自は定かでないが、秀郷《ひでさと》流藤原氏の武士か京都の下級官人の出身者が武蔵国比企郡に権益を得て、比企氏を名乗るようになった可能性が高い（野口一九九四B、高橋一樹二〇一三）。比企能員の「姨母」（母の姉妹）であった比企尼は頼朝の乳母であり、頼朝が平治の乱後、伊豆国に流された時、夫の掃部《かもんの》允《じょう》（遠宗か）とともに比企郡を請所として下向し、二〇年にわたり頼朝への支援を欠かさなかった（『鏡』寿永元年一〇月一七日条）。掃部允は「武州比企郡少領掃部允」とも呼ばれており（「吉見系図」）、比企郡司の権益を継承していたと思われる。すなわち、比企氏は、足立氏と同じく、在京の勢力が一二世紀中頃に古代比企郡司の政治的基盤を継承し、先行して同郡内に勢力を形成した武士と連携することによって成立したと考えられる。

『愚管抄』第六では「比企（能員）は、その郡で父の党であったミセヤノ大夫行時という者の娘を妻にして一幡御前の母をもうけた。その行時はまた児玉党を婿にした」と述べている。「ミセヤノ大夫行時」の名字は不詳であるが、比企郡の水尾谷《みおのや》に比定する案が出されている（永井二〇〇一、伊藤邦彦二〇一〇）。『愚管抄』の記述からは「ミセヤノ大夫行時」が比企郡内に勢力を形成していたことを読み取りうる。したがって、この推定はおそらく正しいと考えられる。すなわち、比企掃部允は「ミセヤノ大夫行時」のような先行する武士たちと連携して、比企郡の支配を実現していたと考えられる。そして、「ミセヤノ大夫行時」と同じように、比企能員も児玉党《こだまとう》の某を婿にしていた（『愚管抄』第六）。

比企能員は比企尼《ひきのあま》の姉妹の子息で、阿波国もしくは安房国の住人とされる（『愚管抄』第六）。能員が信濃・上野の守護に相当する職権を行使する一方、比企掃部允の弟と思われる比企藤内朝宗《ともむね》は木曾義仲滅亡後に「北陸道勧農使」として北陸諸国を管轄し、治承《じしょう》・寿永《じゅえい》内乱以後も比企一族・縁者が北陸道の守護を占めていた。比企一族は武蔵国北部から上野《こうずけ》・信濃・北陸道に至る巨大な勢力圏を形成していたのである（石井一九九〇）。

そして、比企氏は、武蔵北部の権益をめぐって畠山氏と競合する関係にあった。比企氏の本領比企郡は、畠山重忠の本拠畠山館・菅谷館《すがや》がある男衾《おぶすま》郡と隣接している。また、畠山重忠は児玉党を影響下においていたが、比企能員も息女を児玉党の某に嫁がせている。畠山氏の勢力圏と比企氏の勢力圏は重なり合っていたのである。

武蔵から北関東に入る主要な道であった鎌倉街道上道下野線に入るルートとして、鎌倉街道上道の本道から埼玉県比企郡で分かれ、北上して足利《あしかが》方面に向かう経路があったと考えられている（齋藤二〇一〇）。これらのルート掌握をめぐっても、畠山氏と比企氏が競合関係にあったことが推測されている（高橋一樹二〇一三）。

幕府政治をめぐって将軍頼家の外祖父北条時政と舅の比企能員が権勢を争う状況下、時政の女婿であり、比企氏と競合する重忠が、時政に近い政治的立場をとるのは自然な成り行きであっただろう。

比企氏と北条氏の対立、比企氏と畠山氏の対立に終止符を打ったのが、建仁三年（一二〇三）九月二日に起きた比企氏の乱である。

この年の七月二〇日、源頼家が急病にかかった。頼家は重病であったため、八月二七日には、源氏将軍家の家督相続について重臣たちの評議がなされ、頼家の弟千幡《せんまん》（実朝《さねとも》）に関西三八ヶ国の地頭職が、頼家の長子一幡《いちまん》に関東二八ヶ国の地頭職と惣守護職が譲り渡されることになったという。この決定は、頼家の弟千幡に多くの権益を引き渡すものであり、比企能員は大いに怒って千幡と「かの外家以下」、すなわち北条氏一門を陥れる謀を策そうとしたという（以上、『鏡』）。『吾妻鏡』の記述は、北条氏の敵手である比企氏の動きについて曲筆を加えている可能性が高いが、頼家の病気をきっかけに、比企氏と北条氏の対立が顕在化したことは認めてよい。

そして、九月二日、北条時政は比企能員を自邸に招いて謀殺した。残された比企氏一党は、一幡の居所である小御所に立てこもった。これに対して、時政は自身のシンパに小御所を攻撃させ、比企氏一党を滅ぼした。この時、小御所で防戦した比企氏一党は、能員の嫡子比企余一兵衛尉・同三郎・同四郎・同五郎、猶子の河原田次郎、婿の笠原親景・中山為重・糟屋有季・「ムコノ児玉党」、舅の渋河兼忠らであった。比企氏一党は激しく防戦し、討手の加藤景朝・同景廉・尾藤知景・和田景長らとその郎従たちは負傷し引き退いた。

合戦の趨勢を決めたのは重忠とその配下であった。重忠は「壮力の郎従」を入れ替わりに投入して力戦したため、笠原親景らは館に火を放ち、一幡の前で自刃した。能員の嫡子余一兵衛尉は女装して脱出したが、加藤景廉に発見されて討たれたという。『吾妻鏡』は一幡がこの戦いで命を落としたと記すが、『愚管抄』は一一月三日に北条義時が郎等に命じて一幡を殺させたとする（以上、『鏡』・『愚管抄』第六）。

重忠は、比企氏を滅ぼそうとする北条時政の策動に積極的に加担した。その動機は、武蔵北西部における比企氏との勢力争いである（野口二〇〇二A）。武蔵北西部には、重忠の本領と軍事的テリトリーが形成されており、比企氏の勢力拡大は自身の本領・勢力圏の維持に直接関わることであった。

また、重忠は、頼家の嫡子一幡の御所を攻撃するにあたって、一幡の安全に配慮をした形跡がない。重忠は、比企氏と結びつく頼家よりも時政を選んだのであり、小御所の攻撃にもためらいは少なかったのであろう。比企氏の乱では、頼朝のもとに参陣した時に見せた、リアリストとしての重忠の一面が現れている。

頼家は、九月五日に回復の兆しを見せた。この時、頼家は比企氏の滅亡を知り、北条時政を討つよう和田義盛と仁田忠常《にったただつね》に命じたが、和田義盛は、頼家の「御書」を引き渡すことで時政に与同する姿勢をみせた。そして、仁田忠常は翌六日に誅殺され、頼家の反撃は未遂に終わった。頼家は、二九日には伊豆国修禅寺に下向させられた（以上、『鏡』）。頼家の政治生命はこの段階で断たれた。そして、翌元久元年（一二〇四）七月一八日、頼家は配所の修禅寺で暗殺された（以上、『鏡』・『愚管抄』第六）。

比企氏の乱の戦後処理と北条時政との対立

比企氏の乱の直後、建仁三年（一二〇三）九月一五日に千幡を従五位下征夷大将軍《せいいたいしょうぐん》に叙任する位記《いき》と宣旨が鎌倉に届いた。千幡は一〇月八日に元服し、実朝と名乗った（以上、『鏡』）。鎌倉幕府第三代将軍源実朝の登場である。

そして、一〇月九日には実朝の政所始《まんどころはじめ》が行われ、北条時政は大江広元とともに政所別当となった。時政の立場は、複数の政所別当中の実務責任者である執権別当であった。当時、実朝の位階は従五位下であったから、三位以上という貴族の政所開設要件を満たしていない。実朝が従三位に叙されたのは承元三年（一二〇七）四月一〇日であり（『公卿補《くぎょうぶ》任《にん》』）、実朝の家政機関が正式に政所とされるのは、これ以後である。すなわち、建仁三年一〇月は、実朝のもとで幕府政所が実質的に始動し、実朝の外祖父北条時政がその実務責任者（執権別当《しっけんべっとう》）となることが示された時期であった（以上、杉橋一九八一）。

北条時政の権勢が大きくなった背景には、外孫の実朝が建仁三年当時一二歳の少年であったという事情があった。時政は外戚としての立場を根拠として、政所の実質的責任者になったのである。時政の権勢は、鎌倉幕府が発する文書の形式にも現れた。この時期、時政が単独で実朝の意思を奉じる下知状《げちじょう》を発給していたことが知られている。

建仁三年一〇月三日、時政の女婿《じょせい》である武蔵守平賀《ひらが》朝雅《ともまさ》が京都警固のために上洛した。そして、一〇月二七日には侍所別当和田義盛の奉行により「武蔵国諸家の者たちは、遠州（北条時政）に対して二心を抱いてはならない」という命令が鎌倉殿実朝から出された（以上、『鏡』）。この命令は、鎌倉殿に代わって、北条時政が秩父一族をふくむ武蔵国の武士を指揮することを命じたものと考えられる（菊池紳一二〇一〇・二〇一八）。

この処置は、比企氏の乱直後の武蔵国に関わる事案である以上、北条時政が武蔵国守平賀朝雅と連携して主導した、比企氏の乱の戦後処理といってよい。そしてこの戦後処理が、今度は北条氏と畠山氏の対立を招くことになる。北条時政が武蔵国への関与を強める動きは、武蔵国惣追捕使であり、同国北西部に本領と軍事的テリトリーを保持する重忠の利害に反するからである。そもそも、北条時政に従うことを命じられた「武蔵国諸家の輩」のなかに重忠も入っていたであろうから、この命令によって、重忠は時政の下位に位置づけられたとみられる。頼朝に従って以来、本領の所在する武蔵国で、重忠が鎌倉殿以外の武士の指揮下に入ることはなかった。建仁三年一〇月二七日の命令は、重忠と時政の関係を悪化させる結果をもたらしたとみるべきである。

実際、元久元年（一二〇四）の正月までには、北条時政と重忠の対立は公然化していた。「関東で乱逆が起こった。時政《（北条）》が庄司次郎《（畠山重忠）》のために敗北し、山中に隠れた。広元《（大江）》はすでに殺された」という誤情報が、京都の藤原定家《さだいえ》のもとに届いている（『明月記《めいげつき》』元久元年正月二八日条、永井二〇〇〇など）。

さらに、畠山氏は、平賀朝雅とも対立した。元久元年一〇月六日、実朝の正室となる坊《ぼう》門信清《もんのぶきよ》の息女を迎えるため、鎌倉幕府は、北条時政の子息政範《まさのり》・結城朝光・千葉常秀・畠山重保《しげやす》（重忠嫡子）らを使者として上洛させた。この任務中の一一月四日に畠山重保と平賀朝雅が対立する。この日、六角東洞院にある朝雅の館で酒宴が行われたが、そこで朝雅と重保が口論になったのである（以上、『鏡』）。現任の武蔵守で北条時政のシンパである朝雅と、武蔵国惣追捕使畠山重忠の嫡子重保の口論は、これまでにも指摘されているように、おそらく武蔵国の支配に関わる話題を含んでいたと考えられる。

このような、北条時政一派と重忠一党との間に一応の手打ちがなされたのが、元久二年正月であった。次の史料を参照されたい（『大日本古文書　家わけ第十六　島津家文書之一』三〇一号）。

〈釈文〉

六郎ならひに二郎りやう《（両）》人かかんたう《（勘当）》は、ちは《（千葉）》殿おほせ《（仰）》によりてゆる《（許）》し候ぬ。しけたゝ《（重忠）》かゐこん《（遺恨）》にをきてハ候へからす候。

正月十三《（四）》日　平《（畠山重忠）》在判

〈現代語訳〉

六　郎《（畠山重保）》と次　郎《（畠山重忠）》両人の勘当は、千葉殿《（成胤）》の仰せによって許されました。重忠の遺恨については、あるはずもないことです。

正月十三《（四）》日　平《（畠山重忠）》在判

右の書状案（書状の控え）は、重忠と子息の重保が何らかの事情で「勘当」を受けていたこと、その勘当が「千葉殿」（成胤《なりたね》）の口添えによって許されたことを示している。中世日本人は一般に実名で呼ぶことを失礼と考えており、この書状の出し手が「しけたゝ」と呼称していることから、重忠自身が発給した文書であったことが明らかにされている（久保田二〇一五）。また、書状の内容からみて、元久元年に起こった北条氏と畠山氏の対立に関わるものと推定される。したがって、この文書は元久二年のものと考えられる（山野二〇一七B）。この文書では、重忠がこうむった「勘当」「ゆるし候ぬ」に敬語表現がないので、「勘当」を与えた主体は、幕府政治の主導者ではあるが重忠と同輩である北条時政と考えられる。

そして、北条時政と畠山重忠・重保父子の対立を仲裁したのが、千葉氏の当主成胤であった。成胤の父胤正は、文治三年に重忠が囚人となった際、その身柄を預かり赦免に奔走した。千葉氏と畠山氏との間には、変わらぬ親交があったのであろう。そして、成胤が重忠父子の赦免を時政に働きかけたのが、頼朝の祥月命日である正月一三日に挙行された法会であったことが指摘されている。この文書の充所《あてどころ》（宛名）は現存しないが、島津氏で

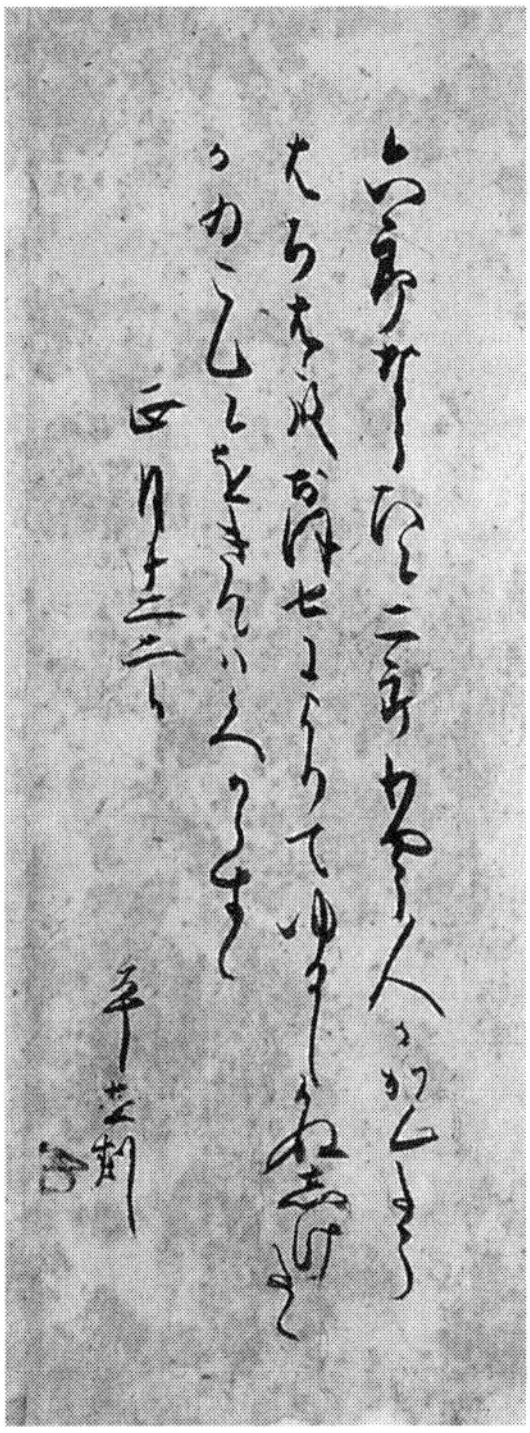

図33　「島津家文書」（元久2年）正月14日畠山重忠書状案

あった可能性が高い。この文書は島津氏が鎌倉時代に持っていた「畠山殿自筆状」を写したものであり、姻戚関係を通じて、畠山氏から島津氏に所有者が変わった文書の一つであったことが明らかにされている（以上、山野二〇一七B）。

以上のように、北条氏と重忠父子の対立が、元久二年正月にはとりあえず収まったわけだが、実際には両者の「遺恨」は継続していたのであろう。この年の六月に、重忠一党は滅亡の憂き目に遭うからである。

二俣川の合戦

時政は、重忠を滅ぼす計画を実行に移した。四月一一日に、稲毛三郎重成入道が武蔵国から鎌倉に入った。人々はこれを怪しんであれこれと噂したという。そして、稲毛重成は、畠山重保を鎌倉に招いた。これに応じた重保は、六月二〇日に鎌倉に入った。そして、六月二一日に、時政は重忠父子を誅殺する企てを、子息の義時《よしとき》・時房《ときふさ》に明かした。時政が重忠父子の誅殺を決意したのは、重保から悪口を受けた平賀朝雅からの「讒訴」を、時政の妻である牧《まき》の方《かた》が時政に伝えたからだという（以上、『鏡』）。時政が重忠父子の誅殺を計画したのは、元久元年一一月中旬以降、稲毛重成が鎌倉に入った元久二年四月一一日以前の間であろう。

元久元年一一月四日に、平賀朝雅と畠山重保は口論しており、翌五日に重保とともに坊門信清の息女を迎える使者の役を勤めていた北条政範《まさのり》が死去している。政範は時政と牧の方の間に生まれており、一一月一三日に飛脚が鎌倉に入って彼の死去を伝えた際には、時政・牧の方は悲歎にくれたという（以上、『鏡』）。彼は一六歳で死去した際に従五位下・左馬権助の位階を有しており、時政の嫡子であったと考えられる（細川二〇一一）。

そして、一一月二〇日段階で朝雅と重保が口論したことは鎌倉にも聞こえていた（『鏡』同日条）。この頃には、朝雅は時政・牧の方に、重保と対立したことを通報した可能性が高い。これを受けて、時政は、やはり娘婿である稲毛重成を味方に引き込む工作を行ったと考えるのが妥当であろう。

稲毛重成は重忠の従兄弟・義兄弟であり、畠山流の一員として重忠父子とつながりを持っていたことは疑いない。畠山重保が重成に招かれて武蔵から鎌倉にやってきたのは、彼らが実際に一族として活動していたことを示している。しかし、これまでにも述べてきたように、重成・榛谷重朝ら小山田有重《おやまだありしげ》の子息たちは、重忠とは微妙な関係にあったと考えられる。重成・重朝は、重忠と異なり頼朝の側近くに仕えており、彼らもそのような待遇を望んでいたふしがある。したがって、重成・重朝兄弟と重忠一党の間には、親近感と緊張感が併存していたと思われる。時政は両者のこのような関係を知っており、重成を味方に引き込んだのであろう。重忠父子を誅殺した後に残る秩父平氏嫡流の有力者は、小山田有重の子息たちである。重成は、重忠誅殺後に秩父平氏嫡流の族長になることを望んで、時政の誘いに応じたと考えられる（野口二〇〇二Aなど）。

さて、義時・時房は、時政の考えに強く反対した。彼らは「重忠は治承四年以来、忠直を専らにしてきましたので、右大将軍《源頼朝》はその志をご覧になって、『子供たちを護ってくれ』と丁寧なお言葉を遣わされたのです。とくに、金吾将軍《源頼家》の御方に祗候していましたのに、能員《比企》との合戦の時には、（父上の）御方に参って抽んでた忠節を尽くしました。これは全て（父上との）御父子の礼を重んじたからです。しかし、今、何の憤懣があって叛逆を企むのでしょうか。もし、（重忠の）度々の勲功をお捨てになり、粗忽に誅殺したならば、きっと後悔するでしょう。犯否の真偽を確かめてから対処しても遅くはないのではないですか」と述べた。時政は黙って座を起った。義時もまた退座して自分の屋敷に戻ったところ、大岡時親が牧の方の使者として追いかけてきた。彼は「重忠の謀叛はすでに発覚しています。したがって君のため、世のため事情を遠州《時政》に漏らしたところ、いま貴殿が申されたことは、ひとえに重忠に代わって、その奸曲を許そうとなさっているのです。これは継母を仇と思い、私を讒者になさるためではないのか」という牧の方の言葉を伝えた。義時は「この上はお考えに従います」と応答したという（『鏡』元久二年六月二一日条）。

六月二二日には、大きく事態が動いた（以下、『鏡』同日条）。鎌倉では軍兵が由比浜の辺りに向かって競い走っていた。「謀叛の者どもが誅殺されるであろう」ということであ

図34　伝畠山重保墓（神奈川県鎌倉市）

る。これを聞いた畠山重保は郎従三人を率いて由比浜に向かったところ、三浦義村の郎従佐久間太郎らに囲まれ、殺害された。三浦義村は、重忠父子が誅殺されるという情報を聞いて迅速に動き、重保を殺した。義村は、二五年前、秩父平氏嫡流に率いられた軍勢に祖父三浦大介義明を殺された恨みを晴らしにかかったのである（野口二〇〇二A）。

また、「畠山次郎重忠が参上するという風聞があるので、（鎌倉に向かう）途上で誅殺するべきである」と幕府の意志が定まり、北条義時が大手の大将軍として進発した。北条時房は、重忠の退路を断つべく、武蔵府中と向かい合う水陸交通の要衝である関戸《せきど》（東京都多摩市）に向かう大将軍として進発した。鎌倉を発った軍勢が多かったため、御所中に祇《し》候《こう》する者が少なくなった。留守を守る三善康信は大江広元と相談して、重忠の来襲に備えることを主張した。そこで、時政が実朝の御前に祗候し、「四百人の壮士」を御所の四面に配置して守りを固めた。

義時に従った軍勢は、先陣が葛西清重、後陣が千葉常秀《つねひで》・大須賀胤信《おおすかたねのぶ》・国分胤通《こくぶたねみち》・相馬《そうま》義胤《よしたね》・東重胤《とうしげたね》であり、足利義氏・小山朝政・三浦義村・長沼宗政・結城朝光・宇都宮頼綱・小田（筑後）知重《ともしげ》・安達景盛・中条家長《ちゅうじょういえなが》らをはじめとした大軍であった。河越重頼の遺児である河越次郎重時・三郎重員、江戸重長の嫡子忠重、児玉党、横山党、金子・村山党など武蔵の武士たちも従軍した。

義時率いる大手軍は、午《うま》の剋《こく》（午後〇時前後）に武蔵国二俣川《ふたまたがわ》（鶴ヶ峰、神奈川県横浜市旭区）で重忠勢に遭遇した。重忠は去る六月一九日に菅谷館を出て、二俣川に到達したところであった。重忠は鶴ヶ峰の麓に陣を張った。従った者たちは、次男小次郎重秀、郎従の本田近常・榛沢成清以下の一三四騎であった。この時、弟の長野重清は信濃国に、渋口重宗は陸奥国におり、重忠の子息と側近によって軍勢が構成されていたと考えられる。

重忠はこの陣中で、当日の朝に重保が誅殺されたこと、幕府の軍兵が襲来することを知った。近常と成清は「聞いたところによると、討手は幾千万騎とも知れません。我らの軍勢は決して彼らの威勢にかないません。はやく本所に退き帰り、討手を待って合戦を遂げ

図35　重忠の首塚（重忠の首を祭ったとされる．神奈川県横浜市旭区）

図36　六ツ塚（重忠主従を葬ったとされる塚．神奈川県横浜市旭区）

るべきです」と主張した。それに対して、重忠は「それはならない。（戦いにあたって）家を忘れ、親を忘れるのが将軍の本意である。したがって、重保が誅された後、本所を顧みることはできない。去る正治の頃、梶原景時が一宮の館を出て、（上洛する）途中で誅殺された。これはしばしの命を惜しんでいるようなものであった。一方ではまた陰謀を企んでいるようにもみえた。このような推察を受けることを恥ずべきではないか。もっとも後進の誡めとしなければならない」と述べたという。

　幕府の軍勢が押し寄せてきた。それぞれが先陣を目指して重忠勢に向かってきた。そのなかで、安達景盛《かげもり》が郎従を率いて進んできた。重忠はこれを見て「この金吾（景盛）は弓馬放遊の旧友である。（その彼が）万人に抽んでて先陣に赴いている。なぜこれに心動かされないことがあろうか。重秀、彼に対して命を惜しむな」と対戦を命じた。また、加治《かじ》家季《いえすえ》をはじめとした多くの者が重忠のために殺された。「およそ弓箭の戦い、刀剣の諍い、尅を移すといえども、その勝負無きのところ……」と『吾妻鏡』が記すように、戦いは長引き、なかなか勝負がつかなかった。申《さる》の尅の終わり頃（午後五時頃）、愛甲季隆《あいこうすえたか》の射た矢が重忠の体に命中し、季隆は重忠の首をとって義時に差し出した。この後、小次郎重秀と郎従たちは自害し、戦いは終わった。なお、『愚管抄』巻六では「重忠は武士として望みをかなえて第一の者と評判されていた。したがって、討たれるにも、寄りつく人もおらず、最後には自害したのである」と述べている。

重忠が戦死したのか、自害したのか確定することは難しいが、どうやら戦いは四時間以上かかったようである。義時率いる大軍勢と重忠の一三四騎がまともに衝突したならば、ひとたまりもなく重忠勢は殲滅《せんめつ》されたと思われる（貫一九六二）。義時が率いる軍勢のなかで積極的に戦った者は、重忠に恨みを持つ者、恩賞を求めた者、重忠に敬意を持つがゆえに戦おうとする者に限られ、概して幕府軍の戦意は低かったとみるべきであろう。彼らの多くは、重忠が謀叛を企んでいるという幕府当局者の主張を信じていなかったのではないだろうか。あるいは、一三四騎という重忠勢の少なさを見て、彼の無実を信じたのではないだろうか。北条義時のように。

二俣川合戦の戦後処理

翌二三日、義時は鎌倉に戻り、時政に戦いの様子を報告した。「重忠の弟・親類はおおむね他所におり、従軍した者は僅かに百余騎の者たちでした。したがって、謀叛の事はウソです。もしくは讒訴《ざんそ》にあって誅殺（の憂き目）に逢ったのではないですか。はなはだ不都合なことです。首を斬って陣の前に持ってきたのを見ました。年来、親しくしていたことを忘れられず、涙を抑えられませんでした」と。時政は何も言えなかったという。

この日、鎌倉中はまた騒動に包まれた。重忠を陥れたとして、稲毛重成と榛谷重朝の一党が殺害されたのである。榛谷重朝とその子息重季・秀重は三浦義村に、稲毛重成は大河戸行元《ゆきもと》に、重成の子息小沢重政は宇佐美祐村《すけむら》に殺害された（以上、『鏡』同日条）。ここでも三浦氏の主体性が見いだされる。三浦氏は、秩父平氏への恨みを晴らす機会を積極的に活用したのである（野口二〇〇二A）。

重忠の無実は、その死の翌日には鎌倉の人々が広く知るところとなっていたようである。これはすなわち、北条時政の判断が間違っていたことを、人々が広く知ることでもあった。このような状況をふまえ、時政の権力を奪取して幕府の最高意志決定を行ったのは、頼朝の後家政子《まさこ》であった。七月八日、政子は「将軍家御幼稚」のため、畠山重忠の与党の所領を勲功のあった者たちに分け与えた。また、七月二〇日には、政子に仕える女房五・六人に新恩が与えられた。「これまた亡卒の遺領なり」と述べられているので、畠山重忠とその与党の遺領（あるいは稲毛重成・榛谷重朝らの遺領も含むか）から、新恩所領が与えられたのであろう。

これらの処置から、政子や北条義時は、当初から重忠を滅ぼすつもりであったとする見解が有力である。この立場に立った場合、北条義時が時政に強く反発した逸話などは『吾妻鏡』の曲筆とするか、あるいは北条義時が表向き重忠討伐に反対して政治責任を回避したと位置づけることになるだろう。だが、近年の研究では、義時らが重忠討伐に本当に反対していたこと、あるいは重忠の謀叛を信じかねていたことが指摘されている（永井二〇〇〇、本郷二〇〇四、細川二〇一一）。私も義時・時房が重忠討伐に反対であり、重忠の死を義時が嘆いたことは事実であったと考える。さきに述べたように、二俣川合戦は、義時軍が圧倒的な優勢であったにもかかわらず、勝負がなかなかつかなかったのである。軍勢を指揮する義時のみならず、動員された武士たちの多くも、内心では重忠の討伐に反対であったか、疑念を抱いていたと考えるべきである。

このような義時や御家人たちの考えに押されるかたちで、重忠は稲毛重成の策謀によって無実の罪で討たれた、という幕府の公式見解が固まっていったのであろう。では、源氏将軍家の家長政子が、重忠やその与党の遺領を没収し、勲功のあった者や配下の女房に与えた事実は、どのように評価するべきなのだろうか。

確証はないが、畠山重忠・稲毛重成・榛谷重朝が滅亡し、武蔵国衙を支えることができる秩父平氏嫡流の有力者がいなくなったことが、政子や義時の判断に影響を与えたと私は考えている。政子や義時には重忠を滅ぼす意図はなかったが、重忠らが滅亡した後の武蔵の政治的空白に直面して、彼らの遺族を取り立てて武蔵国惣追捕使職を再興するよりも、北条氏関係者によって同国の支配を安定化させることを選択したのではないだろうか。

政子は、稲毛重成・榛谷重朝らを殺害した三浦義村・大河戸行元・宇佐美祐村を罰していない。したがって、政子は重忠の無実を認めていたと考えられる。一方、政子は、重忠の与党の所領を没収し、勲功者に給与している。政子は、重忠の無実を認めつつ、重忠を謀叛人として扱うというダブルスタンダードの戦後処理を行っているのである。すなわち、政子や義時は重忠の滅亡を望んではいなかったが、重忠や稲毛重成・榛谷重朝が滅亡した後、その状況を自らの権力強化に利用したと考えられるのである。

重忠の継承者たち

重忠を評価する人々

重忠が御家人社会でどのように記憶されていたのか、という問題は、重忠の人となりや御家人社会の価値観を知る上で重要である。近年、この問題に山野龍太郎氏は正面から取り組んで、大きな成果をあげている（山野二〇一七B）。以下、山野氏の成果に学びながら、重忠がどのように人々に記憶されていたのか、追いかけてみよう。

承久《じょうきゅう》の乱（一二二一）の勃発時、鎌倉方の軍議の場で、北条義時は「故大将殿（源頼朝）ノ御時、軍ノ先陣ヲバ畠山庄司次郎重忠コソ承シカドモ、其人共ハ今ハナシ。今度ノ先陣誰ニカ有ベキ（故大将殿の在世中は、軍の先陣は畠山庄司次郎重忠が承っていたが、その人は今はない。今度の先陣は誰にするべきだろうか）」と述べている（『慈光寺本承久記』）。頼朝の鎌倉入り、文治五年（一一八九）奥州合戦、建久元年（一一九〇）・同六年の頼朝上洛などの大舞台で先陣を勤めてきた重忠の先例が幕府内で重要視されていたことがうかがえる記事である。

そして、この重忠の先例を強烈に意識していたのが、重忠の縁戚である島津氏であった。山野氏によれば、島津忠時《しまづただとき》（忠久《ただひさ》の嫡子）は、重忠の先例を意識して、承久の乱の先陣を担った北条泰時に同道したという。そして、忠時が文暦二年（一二三五）の在京奉公（京都大番役）での苦労を訴えた際、北条泰時は「兼又、はたけやま殿なんとにも、御ゆかり候へは、いよ〳〵おろかならすこそ思ひまいらせ候事にて候へ（兼ねてまた、〈あなたは〉畠山殿にも御ゆかりがあるのですから、いよいよ粗略にならないようにと思っているのです）」と述べ、忠時を労っている（『鎌倉遺文』四七八五号）。これらの事例から、山野氏は、重忠の記憶が御家人社会に広く共有されていたこと、御家人社会に蓄積された重忠の故実《こじつ》が重忠英雄譚の思想的な基盤を形成したことを述べている。

これまでにも明らかにされてきたように、『吾妻鏡』や『平家物語』にみられる重忠の事績や発言がすべて事実だったとはいえない。しかし、島津氏・北条義時・同泰時ら御家人社会の人々から、慈円《じえん》のような寺院社会の人に至るまで、重忠には高い評価を与えている。重忠と同時代を生きた人々は、彼を優れた人物とみなしていたのである。

このような同時代人の評価が、人格・膂力《りょりょく》・所作ともに優れた人物として重忠を描く

『吾妻鏡』・『平家物語』の記事を生み出していったといえるだろう。

元久二年（一二〇五）閏七月十九日、牧の方が平賀朝雅を「関東将軍」に据えようとしている、という情報が幕府当局者のもとに入った。将軍実朝は北条時政の屋敷にいたため、「尼御台所」政子は長沼宗政・結城朝光・三浦義村・同胤義《たねよし》・天野《あまの》政景《まさかげ》を派遣して実朝を義時の屋敷に移した。時政が動員して自身の屋敷に留め置いていた武士たちは、実朝を護るため、ことごとく義時邸に移ったという。この日、時政はにわかに出家し、翌二〇日には伊豆国北条に下向した。さらにこの日には、平賀朝雅の誅殺を在京御家人に命じることが決まった。平賀朝雅は在京御家人の襲撃を受け、閏七月二六日に殺された（以上、『鏡』）。

源姓畠山氏の成立

平賀朝雅が誅殺されたため、武蔵国司の座は空白となった。そこで関東の申請によって、八月九日の除目で武蔵守が任じられた（『明月記』元久二年八月八日・一〇日条）。この時、武蔵守に任じられたのは足利氏の当主足利義氏《よしうじ》であった。義氏の武蔵守在任期間は、元久二年八月九日から承元四年（一二一〇）正月頃までと考えられる（菊池紳一一九八三、岡田二〇〇六など）。

武蔵守足利義氏の仕事は、畠山重忠・平賀朝雅・北条時政がいなくなった後の武蔵の統治を再建することであったと考えられる。義氏の母は北条時政の息女であったから、義氏は政子・義時の後援を得て武蔵国の支配を行ったと考えられる。そして、義氏の武蔵守在任頃に、義氏の庶兄である足利義純《あしかがよしずみ》が畠山重忠の後家（北条時政息女）と結婚し、畠山氏の始祖泰国《やすくに》をもうけている（『尊卑分脈《そんぴぶんみゃく》』・「畠山系図」）。源姓畠山氏の登場である（渡一九九〇・一九九一）。この婚姻は、武蔵国の支配を足利氏と北条氏が連携して進める一環としてなされたと考えられる（彦由二〇〇五など）。

足利義純は承元四年十月七日に三五歳で死去したとされる（『尊卑分脈』）。義純がどの程度の所領を足利氏から継承していたかは定かでない。重忠の後家（足利義純の妻）は、重忠の遺領を継承し、泰国に伝えたと考えられる（渡一九九〇・一九九一）。『吾妻鏡』承元四年五月一四日条では「故畠山二郎重忠後家の所領等は、日頃、事情があって内々に改《かい》易《えき》のご処置に及んでいたが、『相違があってはならない』と今日仰せが出された」と、彼女が所領を安堵されたことを記している。重忠の後家の所領が改易の処置を受けた理由は明確でないが、まず考えられるのは、重忠が滅亡した二俣川合戦である。重忠の後家は、畠山氏を復活させるという北条氏・足利氏の意向によって、所領を回復したのであろう。そして、この所領が、源姓畠山氏の本領になったと考えたい。

鎌倉時代の源姓畠山氏

鎌倉期の源姓畠山氏の嫡流の活動は、『吾妻鏡』に多く載せられている。『吾妻鏡』に登場する源姓畠山氏は、「畠山三郎」（泰国・国氏《くにうじ》のいずれか）・「畠山上野前司」（泰国）・「畠山上野三郎」（国氏）であり、鎌倉幕府の御家人として将軍の行列の供奉人《ぐぶにん》や将軍近習《きんじゅう》などを勤めている。また、足利氏当主が沙汰人を勤める正月垸飯《おうばん》や将軍への引出物献上の記事で、他の足利一門とともに登場することから、広義の足利一門として活動していたことが知られている（小川一九八〇、渡一九九〇・一九九二）。

また、源姓畠山氏の一族のなかに、六波羅探題《ろくはらたんだい》に出仕して六波羅評定衆を勤めた者がいたことが明らかにされている（森二〇〇五）。

一方で、源姓畠山氏は、足利氏とは別に活動することもあった。関東御公事《かんとうみくうじ》など鎌倉幕府が課す経済的な負担については、源姓畠山氏は、足利氏と別に役を勤めていたと考えられる。

『吾妻鏡』建長二年（一二五〇）三月一日条には、鎌倉幕府が朝廷から請け負った閑院内裏《だいり》の造営役を負担する御家人のリストが載せられている。このリストでは足利左馬頭入道（義氏）が小御所の造営を請け負っているのに対して、畠山上野前司（泰国）は築地二本を負担している。

図37　源姓畠山氏略系図

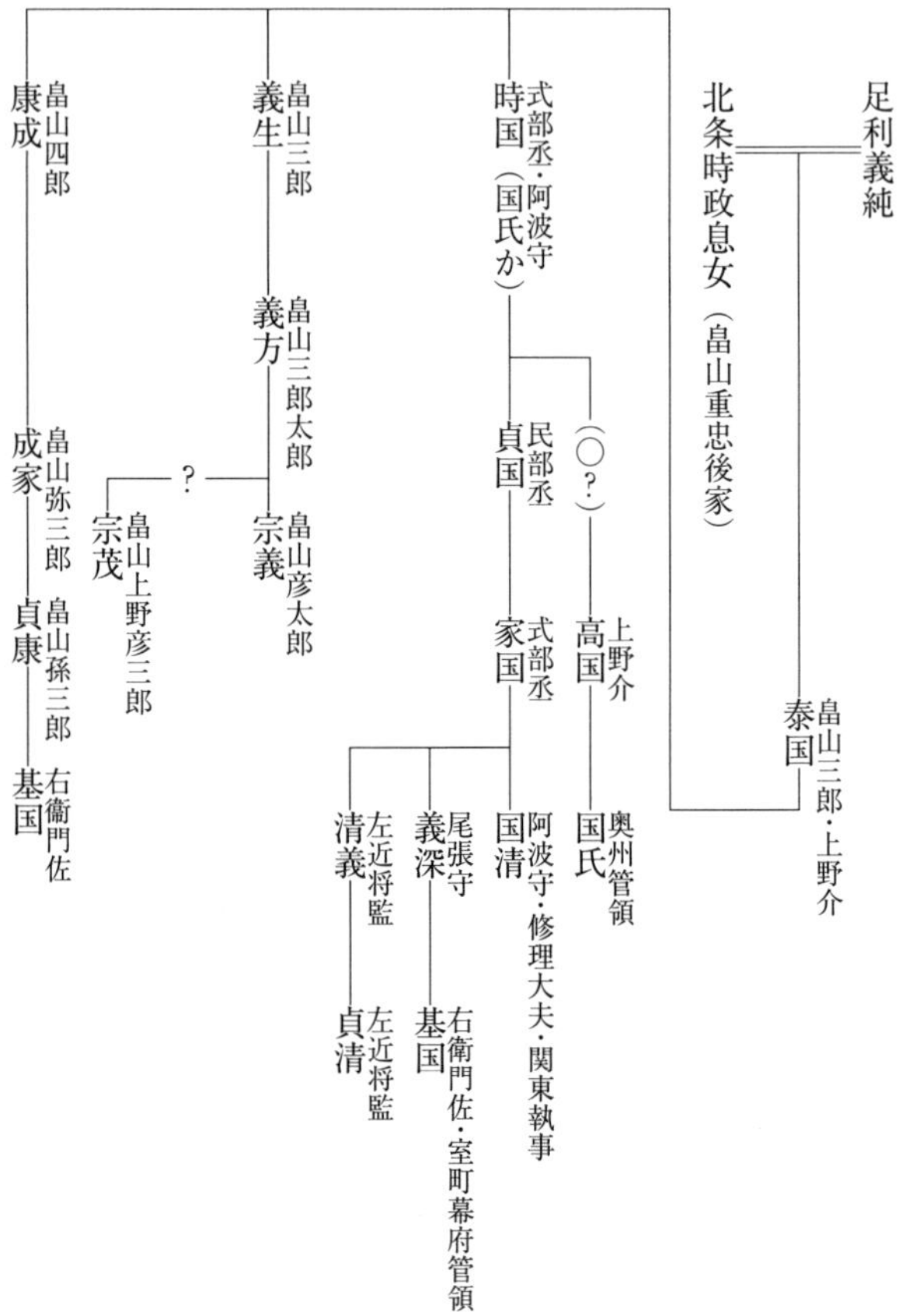

＊『尊卑分脈』・「畠山系図」・「両畠山系図」・『勘仲記』・『実躬卿記』・『吾妻鏡』より作成。

また、建治元年（一二七五）の六条八幡宮造営にあたっては、「鎌倉中」の一員として「足利左馬頭入道跡」が二〇〇貫を賦課される一方、「畠山上野入道跡」が二五貫を賦課されている（『南北朝遺文　関東編』三七七三号）。さらに弘安四年（一二八一）の鶴岡八幡宮の遷宮《せんぐう》にあたっては、高良社造営が「畠山上野入道跡」に賦課され、楼門造営が「足利入道殿跡」に賦課されている（「弘安四年鶴岡八幡遷宮記」）。

「跡」とは、ある人物の遺領を意味する。鎌倉幕府の御家人役賦課においては、一三世紀第2四半期までに惣領制が採用され、それに基づいて一三世紀中葉には、「某跡」を知行する者たちが、そのユニットを差配する惣領に従って役を負担する体制が形成された（七海二〇〇一）。「足利左馬頭入道」・「足利入道殿」は足利義氏、「畠山上野入道」は畠山泰国に該当する。すなわち、足利義氏の所領継承者たちは、「足利左馬頭入道跡」というユニットとして、畠山泰国の所領継承者たちは「畠山上野入道跡」というユニットとして、それぞれ惣領の差配のもとで御家人役を勤めていたのである。

さきに述べたとおり、源姓畠山氏は、足利氏当主が主宰者となる幕府行事や引出物献上などでは足利一門として役を勤めていた。一方、御家人役（特に造営役）を勤める際には、源姓畠山氏は足利氏と別ユニットで活動していたのである。このような源姓畠山氏の独自性は、畠山重忠の家を継承したことに基づいている。

一三世紀の後半には、鎌倉幕府の御家人は、「鎌倉中」・「在京中」・「諸国中」に分かれて把握されており、「鎌倉中」と「在京中」がほぼ同格、「諸国中」が低い位置にあった（福田一九九五、七海二〇〇一、森二〇〇五）。源姓畠山氏は「鎌倉中」に登録されているから、鎌倉幕府の御家人ではもっとも格が高い集団に属している。それに対して、秩父平氏嫡流の面々は、「武蔵国」に登録されているので、源姓畠山氏よりも格下に扱われている。源姓畠山氏が「鎌倉中」に登録された理由は、重忠の継承者であり足利一門でもあるという家の格が考慮されたため、と考えられる。

なお、御家人役を勤めるにあたって、負担量の基準になったのは所領の広さ（基本的には、所領内に設定された御家人役負担の基準となる公田数）である（清水亮二〇〇七、桃崎二〇一六など）。したがって、負担の額から、所領の大小をある程度推し量ることができる。建治元年の六条八幡宮造営注文によると、「畠山上野入道跡」に二五貫の賦課がなされている。この負担額は、「武蔵国」に登録されたどの御家人（賦課単位）よりも大きい。

ちなみに、河越氏は「武蔵国」の筆頭に記され、「河越次郎跡（重時）」に二〇貫、「同三郎（重資カ）」に一〇貫の賦課がなされている。この二つの賦課単位を合計すると「畠山上野入道跡」より大きくなるが、個別にみると及ばない。江戸氏の場合、「江戸入道跡」に二〇貫の賦課がなされている。江戸氏の負担額も「畠山上野入道跡」に及ばない。

平児玉氏の場合、「秩父平太入道跡」に六貫、「秩父武者次郎跡」に七貫の賦課がなされており、源姓畠山氏よりはるかに少ない。

源姓畠山氏の所領群がどのようにして形成されたのか、またそれらの所領のうち、重忠の遺領の占める割合がどれくらいか、ということは現状わからない。しかし、武蔵国の御家人より大きな所領群を形成していたことだけは確かである。そして、武蔵国畠山郷を知行し続けていたこともおそらく間違いない（小川一九八〇、落合二〇一〇・二〇一二、湯山二〇一二など）。

嘉元三年（一三〇五）二月一四日、熊野社の関係者と思われる藤原長実は、「教学坊法眼弟子若狭殿」なる人物に、「秩父一門内、上野国高山・小林一門ならびに畠山尼御前・同めい御前〈白塩の修理亮殿の御前〉」の「檀那」〈参詣者〈檀那〉への宿坊の提供や神前に取り次ぐ差配などの業務とそれらに対する礼物などを取得する権利〉を売り渡している（『鎌倉遺文』二二〇九九号）。このことから、畠山氏は熊野社の関係者から「秩父一門」とみなされていたことがわかる。

源姓畠山氏は、秩父一門の畠山氏の継承者であるとともに、広義の足利一門であり、「鎌倉中」に登録されて幕府行事などに恒常的に参加し、一族から六波羅《ろくはら》評定衆《ひょうじょうしゅう》を出していた。彼らが幕政に関与することはなかったであろうし、重忠のように幕府内での高い地位に到達したともいえないが、それなりに有力な御家人だったのである。

鎌倉時代の平姓畠山氏

重忠の近親やその子孫たちは、重忠の滅亡後、どうなったのであろうか。重忠の滅亡にともなって死去したことがわかる近親は、弟の長野三郎重清、子息の六郎重保・小次郎重秀・重清・五郎清重・十郎時重である（「中条家文書」所収「桓武平氏諸流系図」・「指宿文書」所収「平姓指宿氏系図」）。弟の渋口六郎重宗は、二俣川合戦の後も生き残っていた。渋口六郎重宗は、建保合戦《けんぽうかっせん》（一二一三）の発端となった泉親衡《いずみちかひら》の謀叛計画に参加したことがわかる（「鎌倉年代記裏書」建保元年条）。

また、重忠の末子大夫阿闍梨《だいぶあじゃり》重慶《ちょうけい》は日光山にいたが、建保元年九月、日光山別当弁覚《べんかく》が重慶に謀叛の疑いがある旨、将軍実朝《さねとも》に通報してしまった。実朝は、長沼宗政に重慶の捕縛を命じるが、宗政は重慶を殺害し、その首を持参した（『鏡』建保元年九月一九日条・二六日条）。宗政が実朝の命令を逸脱して重慶の殺害を実行した背景には、北関東の武士関係者が、南関東の武士関係者である重慶を日光山から排除しようとした可能性が指摘されている（高橋慎一朗二〇一一）。

以上のように、重忠の近親者は、反鎌倉幕府的な活動を行ったり、そのようにみなされたために排除されていったわけだが、彼らのなかには鎌倉武士の社会に残った者もいた。

重忠や本田近常の近親の一部は、島津忠久を頼ったことが明らかにされている（野口二〇〇二A）。「蒙古《もうこ》襲来《しゅうらい》絵詞《えことば》」によると、島津久長の甥式部三郎の配下として「はたけやま《畠山》のかくあみたふ《覚阿弥陀仏》・ほんた《本田》の四郎さゑ門かねふさ《兼房》」がモンゴルとの戦いに従軍していたことがわかる。また、弘安八年（一二八五）に作成された豊後《ぶんご》国の図田帳（一国規模の土地台帳）には、阿南荘のうち吉藤名七段の領主として「畠山十郎重末」がみえる（『鎌倉遺文』一五七〇一号）。この後、九州の畠山氏の動きはわからなくなるが、本田氏は島津氏の被官として中世を通じて活動する（五味一九六四・一九七四など）。

また、本田近常の子孫の一部は、武蔵国本田郷を拠点とし続けた。建長二年（一二五〇）一二月二一日には、鎌倉幕府第五代将軍藤原頼嗣《よりつぐ》の「朝夕雑色番頭」の一人に本田太郎宗高がみえる（『鏡』同日条）。この後も中世・近世を通じて本田氏は同郷を拠点として活動していたことが明らかにされている（湯山二〇一二、川本町一九八九）。

鎌倉府と源姓畠山氏

鎌倉幕府が滅亡し、後醍醐《ごだいご》天皇を頂点とする建武《けんむ》政権も解体した後、二つの朝廷が並立し、社会の諸階層が南朝方・北朝方に分かれて争う南北朝の動乱が起こる。北朝を擁立した足利尊氏は、足利一門を国大将・守護や奥州管領《かんれい》・九州探題《きゅうしゅうたんだい》などに起用して、この内乱に対処した。源姓畠山氏も各国の大将・守護や奥州管領などに起用され、列島各地を転戦した（小川一九八〇）。

本書では、南北朝期の源姓畠山氏のうち、重忠の本領を継承した一流の動向について紹介しよう。

足利尊氏《たかうじ》の弟直義《ただよし》と高師直《こうのもろなお》（尊氏重臣・室町幕府執事）との対立をきっかけとして、室町幕府は尊氏方と直義方に分裂し、「観応《かんのう》の擾乱《じょうらん》」と呼ばれる内紛を繰り広げた。この紛争は、尊氏・直義兄弟の対立という意味では、東国で終息をみる。関東に下った直義方の軍勢を、尊氏が正平六年（観応二年・一三五一）一二月に駿河国薩埵山《するがさつたやま》の戦いで破って優勢を確定した。尊氏は翌年正月に直義を降伏させて、ともに鎌倉に入った。直義は正平七年（観応三年・一三五二）二月に急死するが、尊氏は鎌倉で政務を執り続けた。尊氏が鎌倉を離れるのは、畿内の南朝方の活動が活発化したため上洛の途につく文和二年（一三五三）七月末のことである。

上洛にあたって、尊氏は三男基氏《もとうじ》に関東の統治・軍事指揮を委ねた。この段階で、室町幕府の東国統治機関である鎌倉府が確立したと考えられる。鎌倉公方《かまくらくぼう》となった基氏を支えた主な有力武士は、関東執事・武蔵守護・伊豆守護を兼任する畠山国清《くにきよ》、上野守護・越後守護を兼任する宇都宮氏綱《うじつな》、相模守護であり平一揆《へいいっき》のリーダーである河越直重であった（峰岸一九九一など）。

北関東・越後に残存する南朝方の勢力に備えるため、基氏は武蔵国入間川陣《いるまがわのじん》に入り、約七年間、鎌倉府の本拠とした。入間川陣は、河越氏・高坂氏といった平一揆の指導者たちの本拠に近く、畠山国清が守護を勤める武蔵国内に所在していた。秩父平氏畠山氏の基盤を継承した畠山国清と秩父平氏河越氏をリーダーとする平一揆が、基氏の本拠の維持に大きな役割を果たしていたと考えられる（海津一九九九など）。

一三五〇年代、畠山国清は、武蔵国北西部の所領や勢力圏をめぐって、直義方の残党岩松直国《ただくに》と抗争を繰り広げている（小川一九八〇、落合二〇一二）。この抗争は、畠山国清が優位であったが、岩松氏の所領や影響力を完全に奪取するには至らなかった。このような武蔵国での活動の停滞もあってか、国清は伊豆国での拠点形成にとりくむことになる（杉山二〇一三、清水亮二〇一四B）。

国清は、延文四年（一三五九）末から同五年にかけての畿内遠征を指揮した際に東国武士の信望を失い、康安元年（一三六一）一一月には、弟義深とともに鎌倉公方基氏の追討対象になってしまう。しかし、国清が失脚した後も、源姓畠山氏は関東に残っていた。国清の甥、義深の子息にあたる畠山基国《もとくに》である。

基国は文和元年生まれであり、国清・義深が失脚した時には数え年一〇歳であった。基国の「基」字は、鎌倉公方足利基氏からの一字拝領であろうから、基国は伯父・父の失脚に連座することなく、関東で基氏の近臣として活動していたと考えられる。基国の父義深は室町幕府体制下で復活して在京活動を展開していた。基国は義深の名代として関東に在住していたと推定される（小川一九八〇）。

基国の立場が変化するきっかけとなったのは、貞治六年（一三六七）の足利基氏の死去である。基氏の在世中から、もと直義方の上杉憲顕《うえすぎのりあき》が関東管領として復帰し、上杉氏一門をふくむ足利氏一門・譜代《ふだい》家臣出身の公方直臣と東国武士出身の公方直臣が、対立しつつも基氏を支える政治体制ができあがっていた。基氏の死は、このような政治体制を大きく変えることになった。応安元年（一三六八）二月に高坂氏重《たかさかうじしげ》・河越直重を中核とした武蔵平一揆が河越館で蜂起し、宇都宮氏綱がそれに呼応した。平一揆の乱の勃発である。この反乱は、上杉氏を率いる鎌倉府軍によって鎮圧された。この後、鎌倉府では、足利氏一門・譜代家臣出身の公方直臣たちが、奉公衆《ほうこうしゅう》・奉行人《ぶぎょうにん》の中核となっていく（以上、植田二〇一八）。

このような政治体制の変化のなかで、基国はどのような立場にあったのだろうか。関東足利氏の系図・年代記である「喜連川判鑑《きつれがわはんかがみ》」の足利氏満《うじみつ》応安三年条をみてみよう。

庚戌三、正月。新田の残党が武蔵と上野の間に出張してきた。（足利氏満殿は）上杉弾正朝房・畠山左（右）衛門佐基国を差し向けられた。（両名は）二月九日本田に着陣した。馬淵・中村は敗北して信州に落ち下っていき、また蜂起した。上杉・畠山は信州に向かった。敵が退散したので、四月中旬に鎌倉に帰った。

右の記事は、応安元年に撃退された新田氏の残党が、同三年に武蔵・上野・信濃（鎌倉街道上道沿線）で蜂起した際の鎌倉府の対処を示している。この時、関東管領・信濃守護を兼任した上杉朝房《ともふさ》と畠山基国が大将に起用され、武蔵国本田に着陣したことがわかる。

上杉朝房と畠山基国は併記されているが、二人の立場は対等ではない。関東管領・信濃守護である朝房が主将格であり、基国はそれに次ぐ立場であったと考えられる。畠山氏の本領に隣接し、その被官本田氏の所領である本田郷に鎌倉府軍が着陣したことから、この戦いで基国が担った主な役割は、武蔵北部から上野南部にいたる地域の交通路と支持勢力の確保にあったと考えられる。

以上のことから、応安三年段階における基国の立場は、武蔵国北西部に所領・軍事的テリトリーを持つ武蔵有力武士であり、足利一門・鎌倉公方直臣というものであったと考えられる。

畠山氏が上杉氏とならぶ地位に就く余地は、もはや関東には無かった。一方、基国の父義深は越前守護に就任し、従兄弟の貞清《さだきよ》も京都で活動していた。基国は、このような情勢をふまえて、京都政界に転身した。彼は足利義満に重用され、有能な幕閣としてのキャリアを積み、応永五年（一三九八）には室町幕府管領に就任した。三管領家の一つ畠山氏の成立である（以上、小川一九八〇、清水亮二〇一四B）。

畠山基国は関東では政治的に敗北した。その事態に彼なりに対処した結果、室町幕府の管領家が斯波《しば》・細川・畠山の三家に定まる契機が生み出されたのである。

以後、関東の源姓畠山氏は、熊野の宗教者たちの間では「ちち《（秩父）》のはたけ《（畠）》山」と認識されつつ（「米良文書《めらもんじょ》」）、鎌倉公方・古河公方の直臣として活動を続けていく（湯山一九九七）。畠山重忠の継承者にして足利一門の一員という源姓畠山氏のあり方は、観念のレベルでは室町期まで残っていたのである。

畠山重忠・畠山氏の面貌——エピローグ

本書で述べてきた事柄をふまえて、畠山重忠《はたけやましげただ》の生涯を振り返っておきたい。

畠山重忠の生涯

畠山重忠は、長寛二年（一一六四）に畠山重能《しげよし》と江戸重継《えどしげつぐ》の息女の間に生まれた。主君であった源義朝《みなもとのよしとも》の一党が平治の乱《へいじのらん》で滅亡したため、重能は新たな武蔵国の支配者となった平氏の家人《けにん》となる道を選択し、多くの期間を京都で過ごしたと考えられる。そして武蔵国にあっては、平治の乱によって、河越重頼《かわごえしげより》が平氏権力下での秩父平氏《ちちぶへいし》の代表者の地位と武蔵国惣追捕使《そうついぶし》職を確保したことに対抗して、江戸氏・平児玉氏と婚姻関係を結んだ。重忠の誕生は、このような畠山重能の生き残り策の一環でもあった。

重忠は、父重能とともに、幼少期・少年期の多くを京都で過ごし、のちに「京都に馴るるの輩」と呼ばれる在京経験を得た。源頼朝《よりとも》に愛された重忠の音曲の才は、京都で培ったと考えられる。一七歳までの重忠は、おそらく父重能とともに、京都と武蔵を往復する日々を送っていたと推測される。

このような彼の活動に大きな変化を与えたのが、治承《じしょう》・寿永《じゅえい》の内乱であった。治承四年（一一八〇）八月の源頼朝の挙兵に対して、重忠は平氏方として参加した。彼の初陣は八月末の由比浜合戦であり、父の正妻の実家三浦氏が対戦相手であった。この戦いで重忠は敗北するが、秩父平氏嫡流や武蔵武士の加勢を得て衣笠《きぬがさ》城を攻め、義理の曾祖父（もしくは祖父）三浦義明《みうらよしあき》を敗死させた。しかし、頼朝が上総氏・千葉氏らを味方につけて房総半島を制圧して武蔵・下総《しもうさ》国境に至った時、重忠は、平氏方にとどまるか、頼朝軍に身を投じるかという、大きな選択を迫られた。重忠は頼朝の武蔵入国にあたって、頼朝軍に参陣する正当性を主張し、許された。彼の参陣は事実上の降伏であったが、必死の交渉によって頼朝への臣従を勝ち得たのであった。

頼朝に従ってからの重忠は、頼朝に重視されながらも一定の距離を置かれるという微妙な立場にあった。頼朝と義経の対立に巻き込まれた河越重頼が失脚したため、重忠は武蔵国惣追捕使に就任し、平沢寺《へいたくじ》・菅谷《すがや》（・大蔵《おおくら》もか）という秩父平氏嫡流の本拠地と武蔵国最有力在庁の地位を併せ持つ、一二世紀半ばまでの秩父平氏嫡流の族長の姿を取り戻した。

しかし、重忠に対する頼朝の警戒心は解けず、文治三年（一一八七）に重忠は謀叛の疑惑を受けるに至る。重忠は有力御家人たちの支持を受け、さらに自身の主張を真っ向から頼朝にぶつけることでこのピンチを乗り切った。以後、頼朝と重忠の間に親密な関係が生まれたとまではいえないが、重忠は鎌倉幕府の意思決定には関わらない一方、幕府有数の高い地位を認められる、という立ち位置を維持しつづける。

このような重忠の立場は、頼朝が死去し、その長子頼家《よりいえ》が二代目の鎌倉殿になっても変わらなかった。しかし、頼家は、重忠と関係の悪い梶原景時《かじわらかげとき》や比企能員《ひきよしかず》一族を重用し、有力御家人の利害と衝突しうる政治を行ったため、重忠は舅である北条時政《ほうじょうときまさ》に接近する。頼家が重病に陥った際に起こった比企氏の乱で、重忠は、合戦の勝負を決める活躍を見せた。重忠が比企氏相手に力戦した理由は、武蔵北西部の勢力圏（軍事的テリトリー）をめぐって、比企氏と対立関係にあったからであった。

比企氏滅亡後、重忠一党は北条時政やその女婿で武蔵守の平賀朝雅《ひらがともまさ》と厳しい対立関係に入る。この争いも、やはり武蔵国における重忠の勢力圏や中小武士の支配、国衙《こくが》運営などにかかわったものと考えられる。そして、時政の策動によって重忠やその子息たちは、謀叛人として滅ぼされる。

しかし、重忠が無実の罪で滅ぼされたことは周知のこととなり、北条時政・平賀朝雅は失脚・滅亡する。そして、武蔵国支配の安定化を目指した政子《まさこ》・北条義時《よしとき》と足利氏の提携によって源姓畠山氏が創出された。源姓畠山氏は、武蔵北西部における重忠の権益を継ぐ者として、秩父平氏畠山氏と足利一門としての立場を併せ持った。一方、重忠個人の人格・膂力《りょりょく》・音曲の才に対する高い評価も鎌倉武士の社会に引き継がれた。『吾妻鏡《あずまかがみ》』・『平家物語』にみられる重忠関係記事については、重忠が非業の死を遂げたことをふまえて解釈する必要があるが、それでも重忠の人格・能力が、彼の在世中から高く評価されていたこと、のちの御家人社会でも規範となっていたことまでを否定する必要はない。重忠は、死後もなお、人々の記憶に生き続けたのである。

重忠の誠実さを支えたもの

重忠は、おそらく正直・廉直で誇り高い人であった。そして、その誠実さや誇り高さを、頼朝に対しても貫き通してきたらしい。

重忠の人格形成がどのようになされたのか、それを全面的に解明するのは難しい。本書の立場から言えそうなことは、東国武士社会でも有数の有力かつ格の高い家に生を受けたことが、重忠が自身の誠実さ、誇り高さを貫く支えの一つになっていた可能性が高い、ということである。

プロローグでとりあげた逸話を思い出してほしい。謀叛の疑いを受けた重忠は、二心はない旨の起請文《きしょうもん》の提出を拒否するとともに、「重忠の如き勇士」と自身を誇示し、「謀叛の噂を立てられるのは名誉である」と主張している。このような言説をふまえるならば、重忠の誠実さ、誇り高さは、自己への高い評価と一体であった可能性が高い。

重忠の自己評価の高さは、直接的には個人能力や生き様への自負であったであろうが、「将軍」平良文の子孫、武蔵随一の家格と勢力を誇る秩父一族の嫡流という自己の出自にも裏付けられる面があったと考えられる。よく似た出自を持つ上総介広常《かずさのすけひろつね》・小山政光《おやままさみつ》・城長茂《じょうながもち》らの豪族的武士と重忠の言動・行動には共通点がある。それらは、自身の持つ武士としての格・勢力に対する誇りであろうが、あえて言えば傲慢さと紙一重でもある。当時の社会でも広く賞賛された重忠の人格・行動は、このような側面をともなっていたのではないだろうか。

現実主義者としての重忠、在地領主としての畠山氏

重忠は現実主義者としての顔も持っていた。頼朝のもとに降伏（参陣）した時は、おそらく物心ついた時から仕えていたであろう平氏を見限る決断をしている。河越重頼が失脚した時には、その本領である河越荘内に自らの関係者を送り込んだか、荘内の有力者を自派に取り込んだふしがある。武蔵北部の覇権を争う比企氏との合戦では、戦いの帰趨を決める活躍をみせている。

このような重忠の行動を決定づけているのは、自身と配下の身の保全、さらには武蔵の

所領と勢力圏の保全・拡大である。奥州合戦《おうしゅうかっせん》で葛西清重《かさいきよしげ》らが抜け駆けをした時、重忠は鷹揚に対応したが、本領とその周囲に広がる軍事的テリトリーの維持や拡大に関わる事柄については、シビアな姿勢をとっている。その意味で、重忠はまさしく「在地領主」であった。

念のために言い添えておくが、在地領主としての畠山重忠は、草深い農村で「一所懸命」の地を守る農場主的な存在ではない。郎等たちと連携し、本領とその周囲の勢力圏（軍事的テリトリー）に京都の文化や技術を持ち込む広域支配者である。このような重忠、ひいては畠山氏のあり方は、京都と政治的・文化的に結びついて広域的な支配を実現する、大型の在地領主の姿を体現している。

そして、軍事貴族の系譜を引き、京都と密接な関係を保ちながら国衙とも結びつき、本領およびその周辺地域の支配を最優先する畠山重忠・畠山氏のあり方は、軍団としてみるならば「在地系豪族的武士団」というにふさわしい。

以上、都会的でありながら地域支配を最も重視し、誠実さと自意識の高さを併せ持った一人の武士、一つの武士団の姿が、本書で導き出した畠山重忠、畠山氏のあり方であった。このような重忠のイメージが、当該期の武士（団）のなかでどの程度の普遍性を持つか、今後の研究によって明らかにされることを願って筆を擱こう。

あとがき

確か二七年前、高校生だった私は、学校で夏休みの課題に取り組んだ後、東武東上線に乗って菅谷館跡の見学に出かけた。畠山重忠に興味があったからというより、土塁と空堀で造られた大きな中世城郭跡を見たかったというのが、菅谷館見学の動機であった。その頃、私は文学部に進学して日本史学を専攻するか、別の学部を選択するか迷っていた。菅谷館跡を見学したことが文学部進学の決め手になったわけではないが、進路に迷っていた時期、重忠ゆかりの城郭を自発的に見学したことには縁を感じている。

私が畠山氏・武蔵武士の研究に取り組むようになったのは、この一〇年ほどの間である。埼玉大学に赴任した二〇〇七年、私はそれまで取り組んできた鎌倉幕府御家人制研究に関する著書を上梓し、一区切りをつけた。その後の私の研究課題は、主に在地領主（＝武士団）研究、中世東国武家文書研究、鎌倉府を中心とした武家政権研究へと進んでいった。本書は、これらの研究課題のうち、在地領主（＝武士団研究を、武蔵国・畠山重忠・畠山氏という対象を通じて実践した結果のひとつということになるだろう。

本書のおおもとになった仕事である、「在地領主としての東国豪族的武士団」（『地方史研究』三四八、二〇一〇年）は、在地領主研究を継続したい、という私の思いに偶然が作用してできあがったものであった。『埼玉県史料叢書』の調査委員を委嘱された時にご一緒した黒田基樹氏から、重忠の母を江戸氏出身とする系図があることを教えていただいた。調べていくうちに、畠山氏・畠山重忠を在地領主として位置づけることが可能なのではないか？　と着想し、なんとか論文として世に出すことが出来た。その後、畠山氏・武蔵武士に関する編著・論文の執筆や講演の機会を黒田氏や様々な方々からいただいた。私の畠山氏研究のきっかけを与えてくださった黒田氏、研究発表や講演の機会をくださった各位には、この場を借りてあらためてお礼を申し上げたい。

私が畠山氏を研究対象とするようになった二〇一〇年頃から今に至るまで、武蔵武士研究、一二世紀の東国史研究は急速に進歩し続けている。本書は、これら近年の武蔵武士研究、東国史研究の成果に多くを学んでおり、新たに付け加えた論点は限られていることを自覚している。本書に新味があるとすれば、在地領主（＝武士団）研究の立場から、畠山氏のあり方、重忠の行動様式に迫ろうとしたことだと思う。その試みの成否については、読者の皆さんの評価に委ねたい。

また、本書を書き終えてつくづく思うのは、研究を進めることも、その成果を発信することも一人の力では難しいということである。本書のもとになる研究成果を出すにあたっても、現地調査に協力してくださった地元の方々、原稿執筆や講演を依頼してくれた方々、自治体史編纂に誘ってくださり勉強会をともにする諸学兄、研究発表を聞いてくれたり、論文に感想を寄せてくれた友人たちがいなければ、その実現はままならなかったであろう。

本書の執筆を依頼して下さった吉川弘文館の永田伸氏には、原稿執筆の過程で構想・構成についてのアドバイスをいただき、脱稿まで見守っていただいた。高尾すずこ氏には、編集の過程で本当に尽力していただいた。一般書執筆の初心者である私が、本書を出すことができるのは、お二方のお力添えのおかげである。あらためてお礼を申し上げたい。

本書は、私の武蔵武士・畠山氏研究の一つの区切りであるが、「これで終わり」とは宣言しないでおこう。これからどのように仕事を進めていくか、重忠も眺めたであろう荒川（中世の入間川）の流れを見ながら、少しゆっくり考えてみたいと思う。

二〇一八年八月

清　水　　亮

主要参考文献

青木文彦　二〇〇四「鎌倉時代の江南とその周辺」（『江南町史通史編　上巻』）

浅野晴樹　二〇一五「下田町遺跡」（『熊谷市史　資料編　考古』）

浅野晴樹　二〇一七「武士の本拠の成立について」（『埼玉県立史跡の博物館紀要』一〇）

浅野晴樹　二〇一八「考古学から見た武士本拠の成立」（『熊谷市史通史編上巻　原始・古代・中世』）

網野善彦　一九九〇「甲斐国の荘園・公領と地頭・御家人」（『国立歴史民俗博物館研究報告』二五）

石井清文　一九八一A「奥州征伐と武蔵武士団（Ⅰ）」（『政治経済史学』一七七）

石井清文　一九八一B「奥州征伐と武蔵武士団（Ⅱ）」（『政治経済史学』一八一）

石井清文　一九八二「奥州征伐と武蔵武士団（Ⅲ）」（『政治経済史学』一九五）

石井　進　一九七四『中世武士団』（小学館）

石井　進　一九九〇「比企一族と信濃、そして北陸道」（黒坂周平先生の喜寿を祝う会編集・発行『信濃の歴史と文化の研究（二）　黒坂周平先生喜寿記念論文集』）

池上裕子　二〇一二『日本中近世移行期論』（校倉書房）

伊藤邦彦　二〇一〇『鎌倉幕府守護の基礎的研究【論考編】【国別考証編】』（岩田書院）

伊藤寿和　二〇一二「摂関家領武蔵国稲毛荘に関する歴史地理的研究」（『史艸』五三）

入間田宣夫　一九九八『中世武士団の自己認識』（三弥井書店）

岩田慎平　二〇一〇「小鹿島橘氏の治承・寿永内乱」(『史苑』八)
植木　弘　二〇一二「秩父平氏の聖地—武蔵嵐山—」(埼玉県立嵐山史跡の博物館・葛飾区郷土と天文の博物館編『秩父平氏の盛衰』勉誠出版)
上杉和彦　二〇〇二「鎌倉幕府の座次に関する覚書」(『鎌倉幕府統治構造の研究』校倉書房、二〇一五)
上杉和彦　二〇〇七『戦争の日本史6　源平の争乱』(吉川弘文館)
植田真平　二〇一八『鎌倉府の支配と権力』(校倉書房)
上横手雅敬　一九八九「平氏政権の諸段階」(『中世日本の諸相　上巻』吉川弘文館)
遠藤　巖　二〇〇一「あかうそ三郎」(『六軒丁中世史研究』八)
大村　進　一九八七「平忠常の乱と清和源氏の台頭」(『新編埼玉県史通史編1　原始・古代』)
岡陽一郎　一九九五「中世居館再考」(『中世の空間を読む』吉川弘文館)
岡田清一　一九七七「下総千葉氏の誕生」(千葉県郷土史研究連絡協議会編『論集　千葉氏研究の諸問題』千秋社)
岡田清一編　二〇〇三『第二期関東武士研究叢書4　河越氏の研究』(名著出版)
岡田清一　二〇〇六『鎌倉幕府と東国』(続群書類従完成会)
岡田清一　二〇〇九『中世東国の地域社会と歴史資料』(名著出版)
小川　信　一九八〇『足利一門守護発展史の研究』(吉川弘文館)
小国浩寿　二〇〇五「南北朝・室町期の南武蔵領主の様態と前提」(『シリーズ・中世関東武士の研究第七巻　畠山重忠』戎光祥出版、二〇一二)

落合義明　二〇〇五「武蔵国と河越氏」（『中世東国の『都市的な場』と武士』山川出版社）
落合義明　二〇〇八「中世武蔵国における宿の形成」（『中世都市研究14　開発と災害』山川出版社）
落合義明　二〇一〇「武蔵国と秩父平氏」（『畠山重忠』戎光祥出版）
落合義明　二〇一二「秩父平氏の本拠を探る」（『秩父平氏の盛衰』）
海津一朗　一九九〇「東国・九州の郷と村」（『日本村落史講座2　景観Ⅰ　原始・古代・中世』（雄山閣出版）
海津一朗　一九九九『楠木正成と悪党』（筑摩書房）
金澤正大　一九七九「鎌倉幕府成立期に於ける武蔵国国衙支配をめぐる公文所寄人足立右馬允遠元の史的意義（上）（下）」（『政治経済史学』一五六・一五七）
金澤正大　一九八八・二〇〇三「甲斐源氏棟梁一条忠頼鎌倉営中謀殺の史的意義（一）（二）」（『政治経済史学』二七二・四四六）
鎌倉佐保　二〇〇六「小野姓横山党の成長」（『パルテノン多摩博物館部門研究紀要』九）
鎌倉佐保　二〇〇八『日本中世荘園制成立史論』（塙書房）
鎌倉佐保　二〇一〇「一二世紀における武蔵武士の所領形成と荘園」（『畠山重忠』戎光祥出版）
鎌倉佐保　二〇一一「多摩郡の武士と所領形成」（『多摩のあゆみ』一四三）
鎌倉佐保　二〇一六「北武蔵の武士の本拠地の成立とその背景」（埼玉県立嵐山史跡の博物館編集・発行『平成27年度シンポジウム　検証！　古代から中世へ―東国の視点から―　資料集』）

鎌倉佐保　二〇一八「平忠常の乱と前九年・後三年合戦」(『熊谷市史通史編上巻　原始・古代・中世』)
川合　康　一九九九「治承・寿永の内乱と地域社会」(『鎌倉幕府成立史の研究』校倉書房、二〇〇四)
川合　康　二〇〇一「高橋修著『中世武士団と地域社会』」(『民衆史研究』六一)
川合　康　二〇〇四「治承・寿永の内乱と伊勢・伊賀平氏」(『鎌倉幕府成立史の研究』校倉書房)
川合　康　二〇〇七A「中世武士の移動の諸相」(『メトロポリタン叢書1　歴史のなかの移動とネットワーク』桜井書店)
川合　康　二〇〇七B「横山氏系図と源氏将軍伝承」(『中世武家系図の史料論　上巻』高志書院)
川合　康　二〇〇七C「生田森・一の谷合戦と地域社会」(『地域社会からみた『源平合戦』』岩田書院)
川合　康　二〇〇九『日本中世の歴史3　源平の内乱と公武政権』(吉川弘文館)
川合　康　二〇一〇A「鎌倉街道上道と東国武士団」(『府中市郷土の森博物館紀要』二三)
川合　康　二〇一〇B『源平合戦の虚像を剝ぐ』(講談社学術文庫、初版一九九六)
川合　康　二〇一二「秩父平氏と葛西氏」(『秩父平氏の盛衰』)
川尻秋生　一九九三「平良文と将門の乱」(『古代東国史の基礎的研究』塙書房、二〇〇三)
川尻秋生　二〇〇二「古代東国における交通の特質」(『古代交通研究』一一)
川尻秋生　二〇〇七『戦争の日本史4　平将門の乱』(吉川弘文館)
川　本　町　一九八九『川本町史　通史編』
川本町教育委員会　一九八九『畠山館跡―第3次・第4次発掘調査報告書―』
川本町遺跡調査会　一九九九『川本町遺跡調査会報告書第4集　畠山館跡　5次調査の報告』

菊池紳一　一九八三「武蔵国における知行国支配と武士団の動向」（『畠山重忠』戎光祥出版）
菊池紳一　二〇一〇「武蔵国留守所惣検校職の再検討」（『畠山重忠』戎光祥出版）
菊池紳一　二〇一一「鎌倉幕府の政所と武蔵国務」（『埼玉地方史』六四）
菊池紳一　二〇一二「平姓秩父氏の性格」（『埼玉地方史』六六）
菊池紳一　二〇一四「武蔵国北部の再開発」（『埼玉地方史』七〇）
菊池紳一　二〇一七Ａ「足立郡・埼玉郡の武蔵武士と伝承」（『さいたま市アーカイブスセンター紀要』一）
菊池紳一　二〇一七Ｂ「大蔵合戦・畠山重忠の乱再考」（『武蔵武士の諸相』勉誠出版）
菊池紳一　二〇一七Ｃ「鎌倉時代の足立氏」（『武蔵武士の諸相』）
菊池紳一　二〇一八「源頼家・実朝兄弟と武蔵国」（『将軍・執権・連署　鎌倉幕府権力を考える』吉川弘文館）
菊池浩幸・清水亮・田中大喜・長谷川裕子・守田逸人　二〇〇六「中世在地領主研究の成果と課題」（『歴史評論』六七四）
木村茂光　一九九〇「武蔵国橘樹郡稲毛荘の成立と開発」（『初期鎌倉政権の政治史』同成社、二〇一一）
木村茂光　二〇一一『初期鎌倉政権の政治史』（同成社）
木村茂光　二〇一三「大蔵合戦再考」（『府中市郷土の森博物館研究紀要』二六）
木村茂光　二〇一六『頼朝と街道』（吉川弘文館）
久保田和彦　二〇一五「鎌倉御家人列伝」（『鎌倉』の時代』山川出版社）

久保田和彦　二〇一七「鎌倉御家人畠山重忠と二俣川合戦」（『武蔵武士の諸相』）
黒沢則博　二〇一二「秩父平氏中山氏とその周辺」（『都筑・橘樹地域史研究』）
小林　高　二〇〇四「推定鎌倉街道上道跡」（『中世のみちを探る』高志書院）
小原嘉記　二〇一一「中世初期の地方支配と国衙官人編成」（『日本史研究』五八二）
五味文彦　二〇〇〇『増補　吾妻鏡の方法』（吉川弘文館）
五味克夫　一九六四「薩摩国守護島津氏の被官について」（『南九州御家人の系譜と所領支配』戎光祥出版、二〇一七）
五味克夫　一九七四「島津忠治と調所・本田・入来院氏」（『戦国・近世の島津一族と家臣』戎光祥出版、二〇一八）
今野慶信　一九九六Ａ「東国武士団と源氏臣従譚」（駒沢大学『史学論集』二六）
今野慶信　一九九六Ｂ「治承・寿永内乱と豊島氏・江戸氏」（『北区史通史編　中世』）
今野慶信　一九九六Ｃ「治承四年源頼朝の武蔵入国の経過について」（『北区史研究』五）
今野慶信　一九九八「豊島氏の成立」（『豊島氏とその時代』新人物往来社）
今野慶信　二〇一四「相模武士と交通」（『馬の博物館研究紀要』一九）
埼玉県立嵐山史跡の博物館　二〇〇六『企画展　武蔵武士と寺院』
埼玉県立嵐山史跡の博物館　二〇一五『企画展　中世黎明―時代を変えた武士と民衆―』
埼玉県立嵐山史跡の博物館　二〇一七『嵐山史跡の博物館ガイドブック３　秩父氏の歴史』
埼玉県立嵐山史跡の博物館・葛飾区郷土と天文の博物館　二〇一二「総合討論　秩父平氏・畠山重忠

とその時代」(『秩父平氏の盛衰』)
齋藤慎一　二〇〇六『中世武士の城』(吉川弘文館)
齋藤慎一　二〇一〇『中世東国の道と城館』(東京大学出版会)
佐伯真一　二〇〇三「平家物語と在地伝承」(『国文学　解釈と教材の研究』四八―一一)
坂井孝一　二〇〇七「中世成立期東国武士団の婚姻政策」(『創価大学人文論集』一九)
坂本　彰　一九九八「東国武士の整備工場を掘る」(横浜市歴史博物館・(財)横浜市ふるさと歴史財団埋蔵文化財センター編集・発行『兵の時代　古代末期の東国社会』)
佐々木紀一　二〇〇八「『平家物語』の中の佐竹氏記事について」(『山形県立米沢女子短期大学紀要』四四、二〇〇八)
佐藤進一　一九八八『増訂鎌倉幕府守護制度の研究』(東京大学出版会、初版一九七一)
佐藤泰弘　二〇〇四「荘園制と都鄙交通」(『日本史講座第3巻　中世の形成』東京大学出版会)
清水　寿　一九九七『畠山、本田の昔話あれこれ(特に鎌倉期の畠山氏、本田氏の関連事項を中心として)』私家版)
清水　亮　二〇〇七『鎌倉幕府御家人制の政治史的研究』(校倉書房)
清水　亮　二〇一〇「在地領主としての東国豪族的武士団」(『畠山重忠』戎光祥出版)
清水　亮　二〇一一「鎌倉幕府の成立と多摩の武士団」(『多摩のあゆみ』一四三)
清水　亮　二〇一二「武蔵国畠山氏論」(『畠山重忠』戎光祥出版)
清水　亮　二〇一四A「中世前期武蔵武士のテリトリーと交通」(『馬の博物館研究紀要』一九)

清水　亮　二〇一四B「平一揆の乱と源姓畠山氏」（『関東足利氏の歴史第2巻　足利氏満とその時代』戎光祥出版）
下向井龍彦　一九八六「諸国押領使・追捕使史料集成　付　諸国押領使・追捕使について」（『広島大学文学部紀要』四五）
下向井龍彦　一九九五「国衙と武士」（『岩波講座日本通史第6巻　古代5』岩波書店）
下向井龍彦　二〇〇一『日本の歴史07　武士の成長と院政』（講談社）
下村周太郎　二〇〇八「『将軍』と『大将軍』」（『歴史評論』六九八）
杉橋隆夫　一九八一「鎌倉執権政治の成立過程」（『日本古文書学論集5　中世Ⅰ』吉川弘文館、一九八六）
杉山一弥　二〇一三「畠山国清の乱と伊豆国」（『関東足利氏の歴史第1巻　足利基氏とその時代』）
鈴木国弘　二〇〇三『日本中世の私戦世界と親族』（吉川弘文館）
鈴木哲雄　二〇一二『動乱の東国史1　平将門と東国武士団』（吉川弘文館）
鈴木宏美　一九九八「『六条八幡宮造営注文』にみる武蔵国御家人」（『第二期関東武士研究叢書4　河越氏の研究』）
須藤　敬　二〇〇八「『頚ねぢきッて』という表現をめぐって」（『三田國文』四七）
関　幸彦　二〇一三『武士の誕生』（講談社学術文庫、初版一九九九）
高橋　修　一九九一「中世前期の地域社会における領主と住民」（『中世武士団と地域社会』清文堂出版、二〇〇〇）

高橋　修　二〇〇〇『中世武士団と地域社会』（清文堂出版）
高橋　修　二〇〇二「中世前期の在地領主と『町場』」（『歴史学研究』七六八）
高橋　修　二〇一〇「再考　平将門の乱」（『兵たちの時代Ｉ　兵たちの登場』高志書院）
高橋　修　二〇一三「武士団と領主支配」（『岩波講座日本歴史第6巻　中世1』（岩波書店）
高橋　修　二〇一四『熊谷直実』（吉川弘文館）
高橋　修　二〇一五「総論　常陸平氏成立史研究の現在」（『シリーズ・中世関東武士の研究　第一六巻　常陸平氏』戎光祥出版）
高橋　修　二〇一六『信仰の中世武士団』（清文堂出版）
高橋一樹　二〇一三『動乱の東国史2　東国武士団と鎌倉幕府』（吉川弘文館）
高橋一樹　二〇一四「城助永と助職（長茂）」（『中世の人物　京・鎌倉の時代編　第二巻　治承〜文治の内乱と鎌倉幕府の成立』清文堂出版）
高橋慎一朗　二〇〇一「宗尊親王期における幕府『宿老』」（『年報中世史研究』二六）
高橋慎一朗　二〇一一「日光山と北関東の武士団」（『列島の鎌倉時代』高志書院）
高橋秀樹　二〇一一「相模武士河村・三浦氏と地域社会」（『列島の鎌倉時代』）
高橋昌明　一九七一「将門の乱の評価をめぐって」（『論集　平将門研究』現代思潮社、一九七五）
高橋昌明　一九九九『武士の成立　武士像の創出』（東京大学出版会）
田代　脩　一九九〇「武蔵国」（『講座日本中世史5　東北・関東・東海地方の荘園』吉川弘文館）
田中大喜　二〇一五Ａ「中世前期の在地領主と町場の城館」（『城館と中世史料』高志書院）

田中大喜　二〇一五B　『新田一族の中世』（吉川弘文館）
田中広明　二〇〇八　「牧の管理と地域開発」（『牧の考古学』高志書院）
徳竹由明　二〇〇〇　「『平家物語』諸本における畠山庄司重能」（『畠山重忠』戎光祥出版）
戸田芳実　一九六七　「平安初期の国衙と富豪層」（『日本領主制成立史の研究』岩波書店、初出一九五九）
戸田芳実　一九九一　「中世成立期の国家と農民」（『初期中世社会史の研究』東京大学出版会、初出一九六八）
永井　晋　一九九七　「平家は当時一旦の恩、佐殿は相伝四代の君なり、」（『畠山重忠』戎光祥出版）
永井　晋　二〇〇〇　『鎌倉幕府の転換点』（NHKブックス）
永井　晋　二〇一七　「大蔵合戦の記憶」（『武蔵武士の諸相』）
七海雅人　二〇〇一　『鎌倉幕府御家人制の展開』（吉川弘文館）
西岡芳文・黒田基樹　一九九六　「平安後期の豊島氏・江戸氏」（『北区史通史編　中世』）
仁平義孝　一九八九　「鎌倉前期幕府政治の特質」（『古文書研究』三一）
貫　達人　一九六二　『畠山重忠』（吉川弘文館）
野口　実　一九八二　『坂東武士団の成立と発展』（弘生書林）
野口　実　一九八八　「相撲人と武士」（『中世東国史の研究』東京大学出版会）
野口　実　一九九四A　『武家の棟梁の条件』（中公新書）
野口　実　一九九四B　『中世東国武士団の研究』（高科書店）
野口　実　一九九七　「中世成立期における武蔵国の武士について」（『第二期関東武士研究叢書4　河

越氏の研究』）
野口　実　一九九八「武蔵武士団の形成」（『兵の時代　古代末期の東国社会』）
野口　実　二〇〇二Ａ「鎌倉武士と報復」（『畠山重忠』戎光祥出版）
野口　実　二〇〇二Ｂ「豪族的武士団の成立」（『日本の時代史7　院政の展開と内乱』吉川弘文館）
野口　実　二〇〇七『源氏と坂東武士』（吉川弘文館）
野口　実　二〇一二『武門源氏の血脈』（中央公論新社）
野口　実　二〇一四「寒河尼と小山三兄弟」（『日本歴史』七九八）
野口　実　二〇一五『東国武士と京都』（同成社）
野口　実　二〇一六Ａ「十二世紀における千葉氏」（『千葉いまむかし』二九、二〇一六）
野口　実　二〇一六Ｂ「藤原秀郷から小山氏へ」（『戎光祥中世史論集第4巻　小山氏の成立と発展』戎光祥出版）
野口　実　二〇一七『列島を翔ける平安武士』（吉川弘文館）
服部英雄　一九九五『景観にさぐる中世』（新人物往来社）
彦由三枝子　二〇〇五「足利氏と畠山氏」（『畠山重忠』戎光祥出版）
菱沼一憲　一九九三「中世海老名氏について（1）」（『えびなの歴史』五）
菱沼一憲　二〇〇五『源義経の合戦と戦略』（角川選書）
菱沼一憲　二〇一一『中世地域社会と将軍権力』（汲古書院）
深谷市教育委員会　二〇一二『畠山重忠顕彰事業　企画展「畠山重忠と武蔵武士」』

福田豊彦　一九七三『千葉常胤』（吉川弘文館）
福田豊彦　一九九五『中世成立期の軍制と内乱』（吉川弘文館）
藤本頼人　二〇一四「源頼家像の再検討」（『鎌倉遺文研究』三三）
細川重男　二〇一一『北条氏と鎌倉幕府』（講談社選書メチエ）
細川重男　二〇一二『頼朝の武士団』（洋泉社歴史新書y）
本郷和人　二〇〇四『新・中世王権論』（新人物往来社）
本郷和人　二〇一〇「鎌倉幕府が意識する東国の地域的分類」（『兵たちの時代Ⅰ　兵たちの登場』）
町田有弘　一九九三「牧別当に関する一考察」（『第二期関東武士研究叢書4　河越氏の研究』）
水口由紀子　二〇一六「武蔵・下野の土器」（『中世武士と土器』高志書院）
水口由紀子　二〇一七「平沢寺跡出土経筒の銘文について」（『埼玉県立史跡の博物館紀要』一〇）
峰岸純夫　一九八九『中世の東国』（東京大学出版会）
峰岸純夫　一九九〇「上野国」（『講座日本中世史5　東北・関東・東海地方の荘園』）
峰岸純夫　一九九一「佐藤博信著『中世東国の支配構造』（思文閣史学叢書）」（『史学雑誌』一〇〇―六）
峰岸純夫　二〇〇八「大蔵合戦と武蔵武士」（『東国武士と中世寺院』高志書院）
村上伸二　二〇〇八「嵐山町平沢寺と周辺遺跡」（『東国武士と中世寺院』）
村上伸二　二〇一三「大蔵中世遺跡群の再確認」（『中世社会への視角』高志書院）
村松　篤　二〇〇五「武蔵武士畠山重忠ゆかりの地」（『畠山重忠』戎光祥出版）
村松　篤　二〇一二「全国に及ぶ重忠伝承」（『秩父平氏の盛衰』）

元木泰雄　一九九四『武士の成立』（吉川弘文館）
元木泰雄　二〇〇四『保元・平治の乱を読みなおす』（ＮＨＫブックス）
元木泰雄　二〇一一『河内源氏』（中公新書）
桃崎有一郎　二〇一六「鎌倉幕府垸飯役の成立・挫折と〈御家人皆傍輩〉幻想の行方」（『日本史研究』六五二）
森　幸夫　二〇〇五『六波羅探題の研究』（続群書類従完成会）
八重樫忠郎・高橋一樹編　二〇一六『中世武士と土器』（高志書院）
安田元久　一九八四『武蔵の武士団』（有隣堂）
山口隼正　二〇〇二「入来院家所蔵平氏系図について（上）（下）」（『長崎大学教育学部社会科学論叢』六〇・六一）
山野龍太郎　二〇一六「畠山重忠の乱と河越氏の復権」（『武蔵野ペン』一六七）
山野龍太郎　二〇一七Ａ「秩父重綱と『武蔵国留守所惣検校職』」（日本史史料研究会編集・発行『日本史のまめまめしい知識　第2巻』）
山野龍太郎　二〇一七Ｂ「畠山重忠の政治的遺産」（北条氏研究会編『武蔵武士の諸相』）
山本隆志　二〇一二『東国における武士勢力の成立と展開』（思文閣出版）
湯山　学　一九九七「中世鎌倉府の足利氏一門（二）」（『畠山重忠』戎光祥出版）
湯山　学　二〇一〇『武蔵武士の研究』（岩田書院）
湯山　学　二〇一二『中世南関東の武士と時宗』（岩田書院）

吉川真司　二〇〇二「院宮王臣家」(『日本の時代史5　平安京』吉川弘文館)
米谷豊之祐　一九七四「瀧口武士考序説」(『大坂城南女子短期大学紀要』九)
立正大学博物館　二〇一六『立正大学博物館第10回特別展　経塚の諸相』
渡　政和　一九九〇・一九九一「鎌倉時代の畠山氏について」(『畠山重忠』戎光祥出版)

著者紹介

一九七四年、神奈川県に生まれる
一九九六年、慶應義塾大学文学部卒業
二〇〇二年、早稲田大学大学院文学研究科博士後期課程単位取得退学
現在、埼玉大学教育学部准教授・博士（文学）

主要著書
『鎌倉幕府御家人制の政治史的研究』（校倉書房、二〇〇七年）
『畠山重忠』（編著書、戎光祥出版、二〇一二年）
『常陸真壁氏』（編著書、戎光祥出版、二〇一六年）
『南北朝遺文　関東編』第二〜七巻（共編、東京堂出版、二〇〇八〜一七年）

歴史文化ライブラリー
477

中世武士　畠山重忠
秩父平氏の嫡流

二〇一八年（平成三十）十一月一日　第一刷発行

著　者　清《し》水《みず》亮《りょう》
発行者　吉川道郎
発行所　株式会社　吉川弘文館
東京都文京区本郷七丁目二番八号
郵便番号一一三—〇〇三三
電話〇三—三八一三—九一五一〈代表〉
振替口座〇〇一〇〇—五—二四四
http://www.yoshikawa-k.co.jp/
印刷＝株式会社 平文社
製本＝ナショナル製本協同組合
装幀＝清水良洋・高橋奈々

ISBN978-4-642-05877-3

歴史文化ライブラリー

1996. 10

刊行のことば

現今の日本および国際社会は、さまざまな面で大変動の時代を迎えておりますが、近づきつつある二十一世紀は人類史の到達点として、物質的な繁栄のみならず文化や自然・社会環境を謳歌できる平和な社会でなければなりません。しかしながら高度成長・技術革新にともなう急激な変貌は「自己本位な刹那主義」の風潮を生みだし、先人が築いてきた歴史や文化に学ぶ余裕もなく、いまだ明るい人類の将来が展望できていないようにも見えます。このような状況を踏まえ、よりよい二十一世紀社会を築くために、人類誕生から現在に至る「人類の遺産・教訓」としてのあらゆる分野の歴史と文化を「歴史文化ライブラリー」として刊行することといたしました。

小社は、安政四年（一八五七）の創業以来、一貫して歴史学を中心とした専門出版社として書籍を刊行しつづけてまいりました。その経験を生かし、学問成果にもとづいた本叢書を刊行し社会的要請に応えて行きたいと考えております。

現代は、マスメディアが発達した高度情報化社会といわれますが、私どもはあくまでも活字を主体とした出版こそ、ものの本質を考える基礎と信じ、本叢書をとおして社会に訴えてまいりたいと思います。これから生まれでる一冊一冊が、それぞれの読者を知的冒険の旅へと誘い、希望に満ちた人類の未来を構築する糧となれば幸いです。

吉川弘文館

歴史文化ライブラリー

中世史

歴史文化ライブラリー

戦国時代の足利将軍——山田康弘
室町将軍の御台所 日野康子・重子・富子——田端泰子
名前と権力の中世史 室町将軍の朝廷戦略——水野智之
戦国貴族の生き残り戦略——岡野友彦
鉄砲と戦国合戦——宇田川武久
検証 長篠合戦——平山 優
織田信長と戦国の村 天下統一のための近江支配——深谷幸治
よみがえる安土城——木戸雅寿
検証 本能寺の変——谷口克広
加藤清正 朝鮮侵略の実像——北島万次
落日の豊臣政権 秀吉の憂鬱、不穏な京都——河内将芳
豊臣秀頼——福田千鶴
偽りの外交使節 室町時代の日朝関係——橋本 雄
朝鮮人のみた中世日本——関 周一
ザビエルの同伴者 アンジロー 戦国時代の国際人——岸野 久
海賊たちの中世——金谷匡人
アジアのなかの戦国大名 西国の群雄と経営戦略——鹿毛敏夫
琉球王国と戦国大名 島津侵入までの半世紀——黒嶋 敏
天下統一とシルバーラッシュ 銀と戦国の流通革命——本多博之

近世史

細川忠利 ポスト戦国世代の国づくり——稲葉継陽
江戸の政権交代と武家屋敷——岩本 馨
江戸の町奉行——南 和男
江戸御留守居役 近世の外交官——笠谷和比古
検証 島原天草一揆——大橋幸泰
大名行列を解剖する 江戸の人材派遣——根岸茂夫
江戸大名の本家と分家——野口朋隆
赤穂浪士の実像——谷口眞子
〈甲賀忍者〉の実像——藤田和敏
江戸の武家名鑑 武鑑と出版競争——藤實久美子
江戸の出版統制 弾圧に翻弄された戯作者たち——佐藤至子
武士という身分 城下町萩の大名家臣団——森下 徹
旗本・御家人の就職事情——山本英貴
武士の奉公 本音と建前 江戸時代の出世と処世術——高野信治
宮中のシェフ、鶴をさばく 江戸時代の朝廷と庖丁道——西村慎太郎
馬と人の江戸時代——兼平賢治
犬と鷹の江戸時代 〈犬公方〉綱吉と〈鷹将軍〉吉宗——根崎光男
紀州藩主 徳川吉宗 明君伝説・宝永地震・隠密御用——藤本清二郎
近世の巨大地震——矢田俊文
江戸時代の孝行者 「孝義録」の世界——菅野則子
死者のはたらきと江戸時代 遺訓・家訓・辞世——深谷克己
近世の百姓世界——白川部達夫

歴史文化ライブラリー

闘いを記憶する百姓たち 江戸時代の裁判学習帳 ―― 八鍬友広
江戸の寺社めぐり 鎌倉・江ノ島・お伊勢さん ―― 原 淳一郎
江戸のパスポート 旅の不安はどう解消されたか ―― 柴田 純
〈身売り〉の日本史 人身売買から年季奉公へ ―― 下重 清
江戸の捨て子たち その肖像 ―― 沢山美果子
江戸の乳と子ども いのちをつなぐ ―― 沢山美果子
歴史人口学で読む江戸日本 ―― 浜野 潔
それでも江戸は鎖国だったのか オランダ宿 日本橋長崎屋 ―― 片桐一男
エトロフ島 つくられた国境 ―― 菊池勇夫
江戸時代の医師修業 学問・学統・遊学 ―― 海原 亮
江戸の流行り病 麻疹騒動はなぜ起こったのか ―― 鈴木則子
江戸幕府の日本地図 国絵図・城絵図・日本図 ―― 川村博忠
都市図の系譜と江戸 ―― 小澤 弘
江戸の地図屋さん 販売競争の舞台裏 ―― 俵 元昭
踏絵を踏んだキリシタン ―― 安高啓明
墓石が語る江戸時代 大名・庶民の墓事情 ―― 関根達人
近世の仏教 華ひらく思想と文化 ―― 末木文美士
江戸時代の遊行聖 ―― 圭室文雄
松陰の本棚 幕末志士たちの読書ネットワーク ―― 桐原健真
龍馬暗殺 ―― 桐野作人
幕末の世直し 万人の戦争状態 ―― 須田 努
幕末の海防戦略 異国船を隔離せよ ―― 上白石 実
幕末の海軍 明治維新への航跡 ―― 神谷大介
江戸の海外情報ネットワーク ―― 岩下哲典
黒船がやってきた 幕末の情報ネットワーク ―― 岩田みゆき
幕末日本と対外戦争の危機 下関戦争の舞台裏 ―― 保谷 徹

文化史・誌

落書きに歴史をよむ ―― 三上喜孝
霊場の思想 ―― 佐藤弘夫
跋扈《ばっこ》する怨霊 祟りと鎮魂の日本史 ―― 山田雄司
将門伝説の歴史 ―― 樋口州男
藤原鎌足、時空をかける 変身と再生の日本史 ―― 黒田 智
変貌する清盛 『平家物語』を書きかえる ―― 樋口大祐
鎌倉 古寺を歩く 宗教都市の風景 ―― 松尾剛次
空海の文字とことば ―― 岸田知子
鎌倉大仏の謎 ―― 塩澤寛樹
日本禅宗の伝説と歴史 ―― 中尾良信
水墨画にあそぶ 禅僧たちの風雅 ―― 高橋範子
観音浄土に船出した人びと 熊野と補陀落渡海 ―― 根井 浄
殺生と往生のあいだ 中世仏教と民衆生活 ―― 苅米一志
浦島太郎の日本史 ―― 三舟隆之
〈ものまね〉の歴史 仏教・笑い・芸能 ―― 石井公成